국민건강보험공단

기출동형 모의고사

제4회~제5회

정답 및 해설

SEOWONGAK

(주)서원각

제4회 정답 및 해설

1 ②

노동을 더 해도 추가되는 임금이 없게 되므로 무제한 노동을 하게 부추기는 결과가 된다고 볼 수 있다. 따라서 '바람직하지 않은 일을 더 심해지도록 부추김'의 의미인 '조장'이 가장 적절하다.

2 ③

③ 고객이 큰 소리로 불만을 늘어놓게 되면 다른 고객에게도 영향을 미치게 되므로 별도 공간으로 안내하여 편안하게 이야기를 주고받는 것이 좋으며, 시끄러운 곳에서 응대하는 것은 오히려 고객의 불만을 자극하여 상황을 더 악화시킬 우려가 있다.

①② 불만이 심한 고객은 합리적인 대화가 매우 어려운 상황이 대부분이다. 따라서 민원 담당자의 힘으로 해결될 기미가 보이지 않을 때에는 응대자를 바꾸어 보는 것이 좋은 방법이 된다. 또한, 더 책임 있고 권한을 가진 윗사람을 내세워 다시금 처음부터 들어보고 정중하게 사과하도록 한다면 의외로 불만 고객의 마음을 가라앉힐 수 있다.

④ 따끈한 차를 대접하여 시간적 여유를 갖게 되면, 감정을 이성적으로 바꿀 수 있는 기회가 되어 시간도 벌고 고객의 불만을 가라앉혀 해결책을 강구할 수 있는 여유도 가질 수 있게 된다.

3 ②

주어진 글에 쓰인 '맞선을 보다'는 선택지 ②의 '잠깐 좀 보다'의 경우와 함께 '일정한 목적 아래 만나다'의 의미를 갖는 어휘이다.

① '맡아서 보살피거나 지키다'의 의미를 갖는다.

③ '상대편의 형편 따위를 헤아리다'의 의미를 갖는다.

④ '눈으로 대상의 존재나 형태적 특징을 알다'의 의미를 갖는다.

4 ①

'완수'가 들어가서 의미를 해치지 않는 문장은 없다. 빈칸을 완성하는 가장 적절한 단어들은 다음과 같다.

㉮, ㉰ 대처

㉯, ㉱ 수행

㉲ 대행

㉳ 대비

5 ②

숫자 등이 얼마일 것으로 추정된다는 어휘에는 문제가 없으며, 셈을 해 본다는 의미가 추가된 '추산과 혼용하지 않도록 주의한다.

① '어디부터 어디까지'의 의미인 '범위'가 아닌, '범주'가 적절한 어휘이다.

③ 불만이나 감정, 문제점 등을 드러내는 의미의 '표출'이 아닌, '제시'가 적절한 어휘이다.

④ 해당 문장의 주어는 '연구'이므로 연구가 '수행'되어 왔다가 적절한 어휘이다. 정책이나 제도 등이 '시행'되는 것이다.

6 ③

③ 영희가 장갑을 이미 낀 상태인지, 장갑을 끼는 동작을 진행 중인지 의미가 확실치 않은 동사의 상적 속성에 의한 중의성의 사례가 된다.

① 수식어에 의한 중의성의 사례로, 길동이가 나이가 많은 것인지, 길동이와 을순이 모두가 나이가 많은 것인지가 확실치 않은 중의성을 포함하고 있다.

② 접속어에 의한 중의성의 사례로, '그 녀석'이 나와 함께 가서 아버지를 만난건지, 나와 아버지를 각각 만난건지, 나와 아버지 둘을 같이 만난건지가 확실치 않은 중의성을 포함하고 있다.

④ 명사구 사이 동사에 의한 중의성의 사례로, 그녀가 친구들을 보고 싶어 하는 것인지 친구들이 그녀를 보고 싶어 하는 것인지가 확실치 않은 중의성을 포함하고 있다.

7 ③

'깨진 유리창의 법칙'은 깨진 유리창처럼 사소한 것들을 수리하지 않고 방치해두면, 나중에는 큰 범죄로 이어진다는 범죄 심리학 이론으로, 작은 일을 소홀히 관리하면 나중에는 큰일로 이어질 수 있음을 의미한다.

8 ③

③ 서류전형과 최종합격자 발표는 합격자에게만 개별 유선통보가 되는 것이므로 연락이 없을 경우 합격하지 못한 것으로 판단할 수 있다. 일반적으로 채용 공고문에서는 합격자 발표 방법으로 개별 통보 또는 홈페이지에서 확인 등을 제시하고 있으므로 반드시 이를 숙지할 필요가 있다.
① 접수 가능 시간과 근로자 근무시간대는 동일하게 09:00~18:00이다.
② 접수방법은 이메일이라고 언급하고 있으며, 자격증은 해당자만 제출하면 된다.
④ 근무지는 S공사 경기지역본부이므로 공식 근무지 위치는 경기지역본부 소재지인 경기도 성남시 분당구가 된다.

9 ①

27,346,100은 'Twenty seven million three hundred forty six thousand one hundred'가 올바른 표현이다. 숫자를 읽을 때에는 백만 단위(million), 천 단위(thousand) 표시에 맞게 끊어서 읽되, 단위는 단수로 읽어야 한다. 40은 'forty'가 바른 표현이다.

10 ④

주어진 글의 핵심 논점은 '지자체의 에너지 정책 기능의 강화 필요성'이 될 것이다. 지자체 중심의 분산형 에너지 정책의 흐름을 전제한 후 기존 중앙 정부 중심의 에너지 정책의 장점을 소개하였으며, 그에 반해 분산형 에너지 정책을 추진함에 있어 유의해야 할 사안은 어떤 것인지를 열거하며 비교하였다고 볼 수 있다. ㉣이 속한 단락의 앞 단락에서는 지역 특성을 고려하여 지자체가 분산형 에너지 정책의 주도권을 쥐어야 한다는 주장을 펴고 있으며, 이를 '이뿐만 아니라' 라는 어구로 연결하여 앞의 내용을 더욱 강화하게 되는 '각 지역의 네트워크에너지 중심'에 관한 언급을 하였다. 따라서 네트워크에너지 체제 하에서 드러나는 특징은, 지자체가 지역 특성과 현실에 맞는 에너지 정책의 주도권을 행사하기 위해서는 지역별로 공급비용이 동일하지 않은 특성에 기인한 에너지 요금을 차별화해야 한다는 목소리가 커지고 있다고 판단하는 것이 현실을 올바르게 판단한 내용이 된다. 뿐만 아니라 ㉣의 바로 다음에 NIMBY 현상을 사례로 들고 있는 점은 이러한 에너지 요금 차별화의 목소리가 커지고 있다는 사실을 뒷받침하는 내용으로 볼 수 있다. 따라서 ㉣은 글 전체의 내용과 반대되는 논리를 포함하고 있는 문장이 된다.
① 중앙 정부 중심의 에너지 정책에 대한 기본적인 특징으로, 대표적인 장점이 된다고 볼 수 있다.
② 분산형 에너지 정책과는 상반되는 중앙집중형 에너지 정책의 효율적인 특성이며, 뒤에서 언급된 NIMBY 현상을 최소화할 수 있는 특성이기도 하다.
③ 지자체별로 지역 특성을 고려한 미시적 정책이 분산형 에너지 정책의 관건이라는 주장으로 글의 내용과 논리적으로 부합한다.

11 ③

③ 실시간 감시가 가능한 사업장은 대형 사업장이며, 주어진 글에서는 실시간 감시가 어려운 중소 사업장 수가 증가한다고 설명하고 있다. 따라서 실시간 감시가 가능한 대형 사업장의 수가 감소하는 것은 아니다.
① 가축의 분뇨 배출은 초미세먼지의 주 원인 중 하나인 암모니아 배출량을 증가시켜 초미세먼지의 발생을 유발할 수 있다.
② 약 330만 대의 1/4 즉, 약 80만 대 이상이 'Euro3' 수준의 초미세먼지를 배출하고 있다.
④ 이른 봄은 가축 분뇨에 의한 암모니아 배출량이 많아지는 시기이다.

12 ③

③ 청년층의 낮은 고용률에 대한 원인은 분석한 반면, 청년들을 중소기업으로 유인할 수 있는 구체적인 유인책은 제시되어 있지 않다.

② 일·가정 양립 문화 확산을 위한 정책, 직장어린이집 설치 유인을 위한 지원 정책 등이 제시되어 있다.

④ 청년층의 범위를 15~24세와 15~29세로 구분하여 OECD 회원국 평균과 비교한 수치를 제시하였다.

13 ④

④ 정부의 지원정책은 임금상승에 따른 기업들의 추가 비용 부담을 덜어주기 위한 것이다.

① '법적 의무사항인 2년 이상 근무한 비정규직 근로자의 정규직 전환율도 높지 않은 상황이다'에서 알 수 있다.

② 상시 업무에 정규직 고용관행을 정착시키면 상시 업무에 정규직 직원만 고용되는 것이 아니라 비정규직에 대한 불합리한 차별 해소를 위해 비정규직 직원들의 정규직 전환 후 계속고용도 늘어나게 됨을 추론할 수 있다.

③ 서포터스 활동 결과, 2016년에는 194개 업체와 가이드라인 준수협약을 체결하는 성과를 이루었다.

14 ②

② 최소수수료 규정과 동일하게 적용되어 3일 이전이므로 납부금액의 10% 수수료가 발생하게 된다.

① 임대일 4일 전에 예약이 되었을 경우 이용요금 결제는 회의실 사용 당일이 아닌 예약 당일에 해야 한다.

③ 이용 당일에는 환불이 없으므로 100%의 이용 요금을 추가로 지불해야 한다.

④ 세금계산서 발행을 원할 경우 반드시 법인 명의로 예약해야 한다고 규정되어 있다.

15 ④

필자는 현재 우리나라의 역간 거리가 타 비교대상에 비해 짧게 형성되어 있어 운행 속도 저하에 따른 속도경쟁력 약화를 문제점으로 지적하고 있다. 따라서 역간 거리가 현행보다 길어야 한다는 주장을 뒷받침할 수 있는 ①~③와 같은 내용을 언급할 것으로 예상할 수 있다.

④ 역세권 문제나 부동산 시장과의 연계성 등은 주제와의 관련성이 있다고 볼 수 없다.

16 ③

국제석유시장에 대한 전망은 제시문의 도입부에 요약되어 있다고 볼 수 있다. 글의 전반부에서는 석유를 둘러싼 주요 이해국들의 경기회복세가 이어질 것으로 전망하고 있으나, 이러한 기조에도 불구하고 탈석유 움직임에 따라 석유 수요의 증가는 둔화될 것으로 전망한다. 또한, 전기차의 등장과 연비규제 등의 조치들로 내연기관의 대체가 확대될 것이라는 점도 이러한 전망을 뒷받침한다. 따라서 세계경제 회복에도 불구, 탈석유 움직임에 따라 석유 수요의 증가세가 둔화될 것이라는 전망이 전체 글의 내용을 가장 적절하게 요약한 것이라고 할 수 있다.

17 ④

글 전반에서 강조하고 있는 것은 자기 자신과 일신의 사욕을 버려야 한다는 극기(克己)의 정신과 예로 돌아가라는 복례(復禮)의 사상이다. 공자가 이를 안연에게 '예가 아닌 것을 보고 듣고 말하고 행동하고자 하는 욕구가 있으며 동시에 그것을 거부하는 힘으로 이성이 존재하는 것'이라고 설명한 대목에서 극기복례가 가진 의미가 가장 잘 드러나고 있다.

① 기소불욕 물시어인(己所不欲 勿施於人) : 자기가 하기 싫은 일은 남에게도 하게 해서는 안 된다.

② 덕불고 필유인(德不孤 必有隣) : 덕이 있는 자는 외롭지 않고 반드시 이웃이 있다.

③ 음덕양보(陰德陽報) : 남이 모르게 덕행을 쌓은 사람은 뒤에 그 보답을 저절로 받게 된다.

18 ①

① 보유·관리하는 정보만이 대상이므로 공공기관은 정보를 새로 작성(생성)하거나 취득하여 공개할 의무는 없다.

② 공공기관이 자발적, 의무적으로 공개하는 것을 '정보제공'이라고 하며 요청에 의한 공개를 '청구공개'라 한다.

③ 법에 의해 보호받는 비공개 정보가 언급되어 있다.

④ 결재 또는 공람절차 완료 등 공식적 형식요건 결여한 정보는 공개 대상 정보가 아니다.

19 ①

타고난 재능은 인정하지 않고 재능을 발휘한 노동의 부분에 대해서만 그 소득을 인정하게 된다면 특별나게 열심히 재능을 발휘할 유인을 찾기 어려워 결국 그 재능은 상당 부분 사장되고 말 것이다. 따라서 이러한 사회에서 ⊙과 같이 선천적 재능 경쟁이 치열해진다고 보는 의견은 글의 내용에 따른 논리적인 의견 제기로 볼 수 없다.

20 ②

필자가 언급하는 '능력'은 선천적인 것과 후천적인 것이 있다고 말하고 있으며, 후천적인 능력에 따른 결과에는 승복해야 하지만 선천적인 능력에 따른 결과에 대해서는 일정 부분 사회에 환원하는 것이 마땅하다는 것이 필자의 주장이다. 따라서 능력에 의한 경쟁 결과가 반드시 불평의 여지가 없이 공정하다고만 볼 수 없다는 것이 필자의 견해라고 할 수 있다.

21 ①

㉠ 가로축에는 명칭구분(연, 월, 장소 등), 세로축에는 수량(금액, 매출액 등)을 나타낸다.

㉡ 축의 모양은 L자형이 일반적이다.

22 ②

㈎ 가로와 세로의 수치가 의미하는 내용은 범례를 통해서 표현할 수 있다. (O)

㈏ 그래프나 도표 작성 시, 사용된 모든 수치의 단위를 표기해 주어야 한다. (X)

㈐ 데이터의 수치들에 해당하는 축의 단위 표시가 없는 경우 모든 데이터가 표시될 수 없으므로 축의 단위는 충분하게 설정하여야 한다. (O)

㈑ 그래프의 제목을 붙이는 것은 그래프 작성의 가장 기본적인 사항이다. (O)

23 ④

편차는 변량에서 평균을 뺀 값이므로 편차의 총합은 항상 0이 된다는 사실을 이용하여 계산할 수 있다. 따라서 편차를 모두 더하면 $3-1+(\quad)+2+0-3=0$이 되므로 '병'의 편차는 -1임을 알 수 있다.

분산은 편차를 제곱한 값들의 합을 변량의 개수로 나눈 값이므로 $(9+1+1+4+0+9)\div 6=4$가 되어 분산은 4이다. 분산의 양의 제곱근이 표준편차가 되므로 표준편차는 2가 되는 것을 알 수 있다. 따라서 분산과 표준편차를 합한 값은 6이 된다.

24 ②

'들이'의 환산이 다음과 같이 수정되어야 한다.

수정 전 $1d\ell=1,000cm^3=100m\ell$, $1\ell=100cm^3=10d\ell$

수정 후 $1d\ell=100cm^3=100m\ell$, $1\ell=1,000cm^3=10d\ell$

25 ④

두 개의 주사위를 각각 A, B라고 할 때 합이 4보다 작거나 같을 확률은 다음과 같다.

㉠ $A+B=2$일 확률 : $\dfrac{1}{6}\times\dfrac{1}{6}=\dfrac{1}{36}$

㉡ $A+B=3$일 확률
- $A=1$, $B=2$
- $A=2$, $B=1$

$=\dfrac{2}{36}$

㉢ $A+B=4$일 확률
- $A=1$, $B=3$
- $A=2$, $B=2$
- $A=3$, $B=1$

$=\dfrac{3}{36}$

$\therefore \dfrac{1+2+3}{36}=\dfrac{6}{36}=\dfrac{1}{6}$

26 ②

연속한 두 짝수 : n, $n+2$

$n\times(n+2)=24$

$n^2+2n-24=0$

$(n+6)(n-4)=0$

$n=4(\because n$은 자연수$)$

$\therefore n+(n+2)=4+6=10$

27 ③

원의 둘레는 $2\pi r$이므로, 반지름이 32cm인 톱니바퀴 A가 한 바퀴를 회전할 때 움직인 거리는 $2 \times 32\pi = 64\pi$이다. 서로 맞물려 돌아가는 톱니바퀴 B가 움직인 거리는 톱니바퀴 A가 움직인 거리와 같으므로 톱니바퀴 B의 회전수를 x라고 하면 $128\pi = 16x\pi$이다. 따라서 $x = 8$이다.

28 ④

- A사원은 150분에 30장을 작업할 수 있으므로 1장 작업하는 데 5분이 소요된다.
- B사원은 240분에 30장을 작업할 수 있으므로 1장 작업하는 데 8분이 소요된다.

따라서 B사원이 문서 60장을 워드로 옮기는 데 걸리는 시간은 $60 \times 8 = 480$분이고, 이 시간에 A사원은 $480 \div 5 = 96$장의 문서를 워드로 옮길 수 있다.

29 ④

각 대기오염물질의 연도별 증감 추이는 다음과 같다.

- 황산화물 : 증가 → 감소 → 감소 → 감소
- 일산화탄소 : 감소 → 감소 → 감소 → 감소
- 질소산화물 : 감소 → 증가 → 증가 → 증가
- 미세먼지 : 증가 → 감소 → 감소 → 감소
- 유기화합물질 : 증가 → 증가 → 증가 → 감소

따라서 연도별 증감 추이가 같은 대기오염물질은 황산화물과 미세먼지이다.

30 ④

A에서 B로 변동된 수치의 증감률은 $(B-A) \div A \times 100$의 산식에 의해 구할 수 있다. 따라서 2010년과 2014년의 총 대기오염물질 배출량을 계산해 보면 2010년이 3,212,386톤, 2014년이 3,077,079톤이므로 계산식에 의해 $(3,077,079 - 3,212,386) \div 3,212,386 \times 100 =$약 -4.2%가 됨을 알 수 있다.

31 ④

㈎ 조난 사고 발생 선박 척수와 실종자 수는 비례관계에 있지 않다. (X)

㈏ 전년대비 사망자 수 증가율이 가장 많은 해는 계산하지 않아도 9배 가까이 증가한 2014년이라는 것을 알 수 있으며, 실종자 수 증가율 역시 4배가 넘는 2014년이 가장 크다. (O)

㈐ 2014년부터 순서대로 366척, 1,322척, 99척, 321척이므로 2015년 > 2014년 > 2017년 > 2016년 순으로 많은 것을 알 수 있다. (X)

㈑ 조난 사고 발생 선박 1척당 평균 사망자 수는 사망자 수를 조난 사고 발생 선박 척수로 나눈 값이므로 $48 \div 2,839 =$약 0.17명인 2016년이 가장 적다. (O)

32 ③

③ 3등급 판정을 받은 한우의 비율은 2014년이 가장 낮지만, 비율을 통해 한우등급 판정두수를 계산해 보면 2010년의 두수가 $602,016 \times 0.11 =$약 66,222두로, 2014년의 $839,161 \times 0.088 =$약 73,846두보다 더 적음을 알 수 있다.

① 1++ 등급으로 판정된 한우의 수는 2010년이 $602,016 \times 0.097 =$약 58,396두이며, 2011년이 $718,256 \times 0.092 =$약 66,080두이다.

② 1등급 이상이 60%를 넘은 해는 2010, 2011, 2013, 2014년으로 4개년이다.

④ 2011년에서 2012년으로 넘어가면서 1++ 등급은 0.1%p 비율이 더 많아졌으며, 3등급의 비율도 2.5%p 더 많아졌다.

33 ②

② 전체 인구수는 전년보다 동일하거나 감소하지 않고 매년 꾸준히 증가한 것을 알 수 있다.

① 65세 미만 인구수 역시 매년 꾸준히 증가하였다.

③ 2014년과 2015년에는 전년보다 감소하였다.

④ 2014년 이후부터는 5% 미만 수준을 계속 유지하고 있다.

34 ②

  ② 연도별 농가당 평균 농가인구의 수는 비례식을 통하여 계산할 수 있으나, 성인이나 학생 등의 연령대별 구분은 제시되어 있지 않아 확인할 수 없다.

  ① 제시된 농가의 수에 대한 산술평균으로 계산할 수 있다.

  ③ 총인구의 수를 계산할 수 있으므로 그에 대한 남녀 농가인구 구성비도 확인할 수 있다.

  ④ 증감내역은 해당 연도의 정확한 수치를 통하여 계산할 수 있다.

35 ③

  ③ 기업별 방문객의 수만 제시되어 있는 자료이므로 매출액과 관련된 자료를 알 수 있는 방법은 없다.

  ① 하단에 전체 합계와 주어진 기업별 방문객 수의 합이 일치하므로 전체 방문객 방문 현황을 알 수 있다.

  ② 전체 방문객을 기업의 수로 나누어 평균 방문객 수를 알 수 있다.

  ④ 전체 방문객이 가장 많은 기업을 확인하여 매년 동일한지 또는 어느 해에 어떻게 달라졌는지 등을 확인할 수 있다.

36 ②

  ① 2017년(100,888건)이 2018년(94,887건)보다 많다.

  ② $\dfrac{(22,055-22,266)}{22,266}\times100 =$ 약 -0.94% 로 1%를 넘지 않는다.

  ③ $\dfrac{11,699}{236,002}\times100 =$ 약 4.95% 로 4%를 넘는다.

  ④ 2018년 전년대비 안전신고가 증가한 분야는 교통안전, 산업안전, 학교안전으로 총 3개 분야이다.

37 ④

  당해연도 납입자금이 3억 원이려면 전년도 매출액이 5천억 원 이상 1조원 미만이어야 한다. 따라서 2013년에 3억 원의 납입금을 내는 회원사는 2012년의 매출이 5천억 원 이상 1조원 미만인 라, 바, 사 3곳이다.

38 ③

  전년대비 10% 증가 시 2013년 매출액은 아래 표와 같다.

회원사	매출액	회원사	매출액
가	3.85	마	17.05
나	20.9	바	8.8
다	33.0	사	10.45
라	6.6	아	5.06

  따라서 납입자금 산정기준이 달라지는 회원사는 나, 사, 아 3곳이다.

39 ②

  2013년 신청금액이 2012년 대비 30% 이상 증가한 시술 분야는 네트워크, 차세대컴퓨팅, 시스템반도체 3분야이다.

40 ④

  2011년 확정금액이 상위 3개인 기술 분야는 네트워크, 이동통신, 방송장비로 총 3,511억 원이다. 이는 2011년 전체 확정금액인 5,024억 원의 약 70%이다.

41 ③

  분석적 사고는 문제가 성과 지향, 가설 지향, 사실 지향의 세 가지 경우에 따라 각기 요구되는 사고의 특징을 달리한다.

  ① 성과 지향의 문제에 요구되는 사고의 특징이다.

  ② 사실 지향의 문제에 요구되는 사고의 특징이다.

  ④ 가설 지향의 문제에 요구되는 사고의 특징이다.

42 ②

  창의적 사고를 개발하기 위한 세 가지 방법은 각각 다음과 같은 것들이 있다.

  ㉠ **자유 연상법** : 어떤 생각에서 다른 생각을 계속해서 떠올리는 작용을 통해 어떤 주제에서 생각나는 것을 계속해서 열거해 나가는 발산적 사고 방법이다.

  ㉡ **강제 연상법** : 각종 힌트에서 강제적으로 연결 지어서 발상하는 방법이다.

  ㉢ **비교 발상법** : 주제와 본질적으로 닮은 것을 힌트로 하여 새로운 아이디어를 얻는 방법이다. 이때 본질적으로 닮은 것은 단순히 겉만 닮은 것이 아니고 힌트와 주제가 본질적으로 닮았다는 의미이다.

43 ②

'so what?' 기법은 "그래서 무엇이지?" 하고 자문자답하는 의미로, 눈앞에 있는 정보로부터 의미를 찾아내어 가치 있는 정보를 이끌어 내는 사고이다. 주어진 상황을 보고 현재의 알 수 있는 것을 진단하는 사고에 그치는 것은 바람직한 'so what?' 기법의 사고라고 할 수 없으며, 무엇인가 의미 있는 메시지를 이끌어 내는 것이 중요하다. ②와 같이 상황을 망라하여 종합적이고 명확한 주장을 펼치는 사고가 'so what?' 기법의 핵심이라 할 수 있다.

44 ①

문제해결의 5단계 절차는 문제 인식→문제 도출→원인 분석→해결안 개발→실행 및 평가의 과정으로 진행된다.

45 ④

주어진 글은 논리적 사고에 대한 글이며, 논리적인 사고를 하기 위해서는 생각하는 습관, 상대 논리의 구조화, 구체적인 생각, 타인에 대한 이해, 설득의 5가지 요소가 필요하다. 논리적인 사고의 핵심은 상대방을 설득할 수 있어야 한다는 것이며, 공감을 통한 설득에 필요한 가장 기본적인 사고력이 논리적 사고인 것이다.

46 ②

갑, 을, 병의 진술과 과음을 한 직원의 수를 기준으로 표를 만들어 보면 다음과 같다.

과음직원 진술자	0명	1명	2명	3명
갑	거짓	참	거짓	거짓
을	거짓	거짓	참	거짓
병	거짓	참	참	거짓

- 과음을 한 직원의 수가 0명인 경우, 갑, 을, 병 모두 거짓을 말한 것이 되어 결국 모두 과음을 한 것이 된다. 따라서 이 경우는 과음을 한 직원의 수가 0명이라는 전제와 모순이 생기게 된다.
- 과음을 한 직원의 수가 1명인 경우, 을만 거짓을 말한 것이므로 과음을 한 직원의 수가 1명이라는 전제에 부합한다. 이 경우에는 을이 과음을 한 것이 되며, 갑과 병은 과음을 하지 않은 것이 된다.

- 과음을 한 직원의 수가 2명인 경우, 갑만 거짓을 말한 것이 되므로 과음을 한 직원의 수가 1명이 된다. 따라서 이 역시 과음을 한 직원의 수가 2명이라는 전제와 모순이 생기게 된다.
- 과음을 한 직원의 수가 3명인 경우, 갑, 을, 병 모두 거짓을 말한 것이 되어 과음을 한 직원의 수가 3명이 될 것이며, 이는 전제와 부합하게 된다.

따라서 4가지의 경우 중 모순 없이 발생 가능한 경우는 과음을 한 직원의 수가 1명 또는 3명인 경우가 되는데, 이 두 경우에 모두 거짓을 말한 을은 과음을 한 직원이라고 확신할 수 있다. 그러나 이 두 경우에 모두 사실을 말한 사람은 없으므로, 과음을 하지 않은 것이 확실한 직원은 아무도 없다.

47 ①

㈎ 6개월 이내에 보증부대출 채무 인수는 마쳤으나 소유권이전등기를 하지 않았으므로 대출금 조기 만료에 해당된다. (O)

㈐ 병원 입원 기간은 해당 사유에서 제외되므로 대출금이 조기 만료되지 않는다. (X)

㈒ 본인이 담보주택의 소유권을 상실한 경우로 대출금 조기 만료에 해당된다. (O)

㈔ S씨의 대출금과 근저당권 상황은 대출금 조기 만료에 해당될 수 있으나, 채권자인 은행의 설정 최고액 변경 요구에 응하고 있으므로 조기 만료에 해당되지 않는다. (X)

48 ①

- 여섯 번째 조건에 의해 丁은 찬성, 세 번째 조건에 의해 丁과 辛 중 한 명만이 찬성이므로 辛은 반대이다. 다섯 번째 조건의 대우는 辛이 반대하면 戊가 찬성이므로 戊는 찬성이다.
  네 번째 조건의 대우는 戊가 찬성하고 辛이 반대하면 乙과 丁 모두가 반대하지 않는다이며 따라서 乙은 찬성이다. →丁, 戊, 乙, 찬성 / 辛 반대
- 두 번째 조건에서 乙이나 丙이 찬성하면 己 또는 庚 중 적어도 한 명이 찬성한다고 했으므로 己, 庚 모두 찬성도 가능하다.(반대 의견을 제시한 최소 인원을 구하는 문제이다)
  첫 번째 조건의 대우는 丙 또는 丁이 반대하거나 戊가 찬성하면 甲과 乙이 찬성한다이므로 戊가 찬성하

므로 甲과 乙이 찬성하며, 丙도 찬성할 수 있다.
따라서 반대의 최소 인원은 1명(辛)이다.

49 ④

시합은 세 사람이 말한 월, 일, 요일 중에서 열렸고
세 사람 중 월, 일, 요일을 0개, 1개, 2개 맞춘 사람
이 존재한다.
시합이 열렸던 날짜는 5월 8일, 5월 10일, 6월 8일,
6월 10일 중 하나이며, 이 날짜 중에서 조건을 만족
하는 날짜를 찾아야 한다.
- 5월 8일 : 甲이 2개, 乙이 1개, 丙이 1개 맞혔으므로
0개 맞힌 사람이 없다. (×)
- 5월 10일 : 甲이 1개, 乙이 2개, 丙이 0개 맞혔으나
요일을 甲이나 乙이 맞히면 조건을 충족하지 못 한
다. (×)
- 6월 8일 : 甲이 1개, 乙이 0개, 丙이 2개 맞혔으나
요일을 甲이나 丙이 맞히면 조건을 충족하지 못 한
다. (×)
- 6월 10일 : 甲이 0개, 乙이 1개, 丙이 1개 맞혔으므
로 요일을 乙이나 丙이 맞히면 조건을 충족한다.
(㉠, ㉡ 맞음)

丙이 하나만 맞히면 乙이 2개를 맞힌 것이 된다. 乙은
시합이 화요일에 열렸다고 기억했으므로 ㉢은 맞는
내용이다.
따라서 ㉠, ㉡, ㉢ 모두 맞음

50 ④

일단 선발자가 가장 많이 나오고 한 명만 선발되더라
도 참이 되고 거짓이 되려면 전체 부정이 되어야 하
는 두 번째 조건이 참인 경우와 거짓인 경우로 나누
어 파악할 수 있다.

㉠ 참인 경우
- 나머지 진술은 모두 거짓이 된다.
- 세 번째 조건이 거짓이 되려면 乙과 丙 둘 다 선발
되어야 한다.
- 乙이 선발된다면 甲은 선발되지 않는다. (첫 번째
조건의 대우) 앞에서 乙이 선발된다고 했으므로 이
진술이 거짓이 되려면 甲도 선발 되어야 한다.
- 乙과 丙 둘 다 선발되었으므로 네 번째 조건이 거
짓이 되려면 丁이 선발되지 않아야 한다. 따라서
선발된 사람은 甲, 乙, 丙이다.

㉡ 거짓인 경우
- 甲, 丙, 丁 아무도 선발되지 않았다.
- 세 번째 조건은 丙이 선발되지 않았으므로 무조건
참이다.
- 丁이 선발되지 않았다면 乙과 丙 모두가 선발되지
않아야 한다.(네 번째 조건의 대우) 丙은 선발되지
않았으므로 거짓이 되려면 乙이 선발되어야 한다.
- 乙이 선발되었다면 甲은 선발되지 않는다.(첫 번째
조건의 대우) 앞에서 甲이 선발되지 않았다고 정했
으므로 무조건 참이 되고 이 경우 참인 진술이 하
나뿐이라는 문제의 규칙에 위배된다.

따라서 후보자 가운데 국가대표로 선발된 사람의 수
는 3명이다.

51 ④

금리를 높일 수 있는 방법은 가입기간을 길게 하며,
해당 우대금리를 모두 적용받는 것이다. 따라서 3년
기간으로 계약하여 2.41%와 두 가지 우대금리 조건을
모두 충족할 경우 각각 0.2%와 0.3%(3명의 추천까지
적용되는 것으로 이해할 수 있다.)를 합한 0.5%가 적
용되어 총 2.91%의 연리가 적용될 수 있다.

① 비대면전용 상품이므로 은행 방문 가입은 불가능
하다.
② 9개월은 계약기간의 3/4에 해당하는 기간이며 월
평균 적립금액이 10만 원이므로 이후부터는 1/2인
5만 원의 월 적립금액이 허용된다.
③ 가입기간별 우대금리가 다르게 책정되어 있음을
알 수 있다.

52 ③

③ 이동 후 인원수가 감소한 부서는 37명→31명으로
바뀐 관리팀뿐이다.
① 영업팀은 1명 증가, 생산팀은 5명 증가, 관리팀은
6명 감소로 관리팀의 인원수 변화가 가장 크다.
② 이동 전에는 영업팀 > 관리팀 > 생산팀 순으로 인
원수가 많았으나, 이동 후에는 영업팀 > 생산팀 >
관리팀 순으로 바뀌었다.
④ 가장 많은 인원이 이동해 온 부서는 영업팀(9+10
=19)과 생산팀(7+12=19)이며, 관리팀으로 이동
해 온 인원은 11+5=16명이다.

53 ①

- 목수는 이씨이고, 대장장이와 미장공은 김씨가 아니라는 조건에 의해 대장장이와 미장공은 박씨와 윤씨임을 알 수 있다. 그런데 마지막 조건에 따라 윤씨는 대장장이가 아니므로 대장장이는 박씨이고 미장공은 윤씨임을 알 수 있다. 따라서 2명의 김씨의 직업은 단청공과 벽돌공이다.
- 어인놈은 단청공이며, 상득은 김씨라는 조건에 따라 어인놈은 김씨이며 단청공이고, 상득은 김씨이며 벽돌공임을 알 수 있다.
- 어인놈이 단청공이고 상득이 벽돌공인 상황에서 2전 5푼의 일당을 받는 정월쇠는 대장장이이며 박씨이다.
- 좀쇠는 박씨도 이씨도 아니라는 조건에 의해 윤씨이며 직업은 미장공이다.
- 마지막으로 남은 작은놈이 이씨이며 목수이다.

이름을 기준으로 일당을 정리하면,

- 좀쇠(윤씨, 미장공) : 동원된 4일 중 3일을 일하고 1일을 쉬었으므로 3 × 4전 2푼 + 1전 = 13전 6푼을 받는다.
- 작은놈(이씨, 목수) : 동원된 3일을 일하였으므로 3 × 4전 2푼 = 12전 6푼을 받는다.
- 어인놈(김씨, 단청공) : 동원된 4일을 일하였으므로 4 × 2전 5푼 = 10전을 받는다.
- 상득(김씨, 벽돌공) : 동원된 4일을 일하였으므로 4 × 2전 5푼 = 10전을 받는다.

54 ④

단식을 하는 날 전후로 각각 최소 2일간은 정상적으로 세 끼 식사를 하므로 2주차 월요일에 단식을 하면 전 주 토요일과 일요일은 반드시 정상적으로 세 끼 식사를 해야 한다. 이를 바탕으로 조건에 따라 김 과장의 첫 주 월요일부터 일요일까지의 식사를 정리하면 다음과 같다.

월	화	수	목	금	토	일
○		○	○	○	○	○
○		○	○		○	○
○	○	○	○		○	○

55 ①

조건에 따라 甲의 도서 대여 및 반납 일정을 정리하면 다음과 같다.

월	화	수	목	금	토(9.17)	일
					1권 대출	휴관
• 1권 반납 • 2~3권 대출(3일)		• 2~3권 반납 • 4~6권 대출(5일)				휴관
• 4~6권 반납 • 7~10권 대출(7일)						휴관
• 7~10권 반납						휴관

56 ②

- ㉠ 설립방식 : {(고객만족도 효과의 현재가치) − (비용의 현재가치)}의 값이 큰 방식 선택
  - (가) 방식 : 5억 원 − 3억 원 = 2억 원 → 선택
  - (나) 방식 : 4.5억 원 − (2억 원 + 1억 원 + 0.5억 원) = 1억 원
- ㉡ 설립위치 : {(유동인구) × (20~30대 비율) / (교통혼잡성)} 값이 큰 곳 선정(20~30대 비율이 50% 이하인 지역은 선정대상에서 제외)
  - 甲 : 80 × 75 / 3 = 2,000
  - 乙 : 20~30대 비율이 50%이므로 선정대상에서 제외
  - 丙 : 75 × 60 / 2 = 2,250 → 선택

57 ④

설문조사지는 조사의 목적에 적합한 결과를 얻을 수 있는 문항으로 작성되어야 한다. 제시된 설문조사는 보다 나은 제품과 서비스 공급을 위하여 브랜드 인지도를 조사하는 것이 목적이므로, 자사 자사의 제품이 고객들에게 얼마나 인지되어 있는지, 어떻게 인지되었는지, 전자제품의 품목별 선호 브랜드가 동일한지 여부 등 인지도 관련 문항이 포함되어야 한다.
④ 특정 제품의 필요성을 묻고 있으므로 자사의 브랜드 인지도 제고와의 연관성이 낮아 설문조사 항목으로 가장 적절하지 않다.

58 ①

상사가 '다른 부분은 필요 없고, 어제 원유의 종류에 따라 전일 대비 각각 얼마씩 오르고 내렸는지 그 내용만 있으면 돼.'라고 하였다. 따라서 어제인 13일자 원유 가격을 종류별로 표시하고, 전일 대비 등락 폭을 한눈에 파악하기 쉽게 기호로 나타내 줘야 한다. 또한 '우리나라는 전국 단위만 표시하도록' 하였으므로 13일자 전국 휘발유와 전국 경유 가격을 마찬가지로 정리하면 ①과 같다.

59 ③

절전모드 실행 중에는 전원버튼을 눌러 켠 후 문서를 넣어 사용할 수 있으므로 정상 작동하지 않는 원인이라고 볼 수 없다.

60 ③

'세단대기'는 세단할 문서를 문서투입구에 넣을 준비가 되어 있는 상태를 나타내므로 조치를 취해야 함을 알리는 나머지 OLED 표시부 표시들과는 성격이 다르다.
① 문서가 과도하게 투입된 경우이다.
② 파지함에 파지가 꽉 찼거나 파지 감지스위치에 이물질이 쌓여있는 경우이다.
④ 프런트 도어를 열고 파지함을 비워야 하는 경우이다.

✏ **직무시험(노인장기요양보험법)**

61 ②

① 6개월 이상 동안 혼자서 일상생활을 수행하기 어렵다고 인정되는 자에게 신체활동 · 가사활동의 지원 또는 간병 등의 서비스나 이에 갈음하여 지급하는 현금 등을 말한다.
③ 지정을 받은 기관으로서 장기요양급여를 제공하는 기관을 말한다.
④ 장기요양기관에 소속되어 노인등의 신체활동 또는 가사활동 지원 등의 업무를 수행하는 자를 말한다.

62 ③

장기요양사업이란 장기요양보험료, 국가 및 지방자치단체의 부담금 등을 재원으로 하여 노인등에게 장기요양급여를 제공하는 사업을 말한다〈제2조 제3호〉.

63 ④

장기요양보험료의 산정〈제9조〉
① 장기요양보험료는 「국민건강보험법」 제69조제4항(직장가입자의 월별 보험료액은 보수월액보험료, 소득월액보험료에 따라 산정한 금액으로 한다) 및 제5항(지역가입자의 월별 보험료액은 세대 단위로 산정하되, 지역가입자가 속한 세대의 월별 보험료액은 산정한 보험료부과점수에 보험료부과점수당 금액을 곱한 금액으로 한다)에 따라 산정한 보험료액에서 같은 법에 따라 경감 또는 면제되는 비용을 공제한 금액에 장기요양보험료율을 곱하여 산정한 금액으로 한다.
② 장기요양보험료율은 장기요양위원회의 심의를 거쳐 대통령령으로 정한다.

64 ④

장기요양인정 신청의 조사〈제14조 제1항〉 … 공단은 신청서를 접수한 때 보건복지부령으로 정하는 바에 따라 소속 직원으로 하여금 다음의 사항을 조사하게 하여야 한다. 다만, 지리적 사정 등으로 직접 조사하기 어려운 경우 또는 조사에 필요하다고 인정하는 경우 특별자치시 · 특별자치도 · 시 · 군 · 구(자치구를 말한다. 이하 같다)에 대하여 조사를 의뢰하거나 공동으로 조사할 것을 요청할 수 있다.
1. 신청인의 심신상태
2. 신청인에게 필요한 장기요양급여의 종류 및 내용
3. 그 밖에 장기요양에 관하여 필요한 사항으로서 보건복지부령으로 정하는 사항

65 ④

단기보호〈제23조 제1항〉 … 수급자를 보건복지부령으로 정하는 범위 안에서 일정 기간 동안 장기요양기관에 보호하여 신체활동 지원 및 심신기능의 유지 · 향상을 위한 교육 · 훈련 등을 제공하는 장기요양급여

66 ③

장기요양급여의 제한〈제29조〉 … 공단은 장기요양급여를 받고 있는 자가 정당한 사유 없이 조사나 요구에 응하지 아니하거나 답변을 거절한 경우 장기요양급여의 전부 또는 일부를 제공하지 아니하게 할 수 있다.

67 ②

지정 갱신이 지정 유효기간 내에 완료되지 못한 경우에는 심사 결정이 이루어질 때까지 지정이 유효한 것으로 본다〈제32조의4 제3항〉.

68 ②

장기요양기관 재무·회계기준〈제35조의2〉

① 장기요양기관의 장은 보건복지부령으로 정하는 재무·회계에 관한 기준(장기요양기관 재무·회계기준)에 따라 장기요양기관을 투명하게 운영하여야 한다. 다만, 장기요양기관 중 「사회복지사업법」에 따라 설치한 사회복지시설은 같은 조에 따른 재무·회계에 관한 기준에 따른다.

② 보건복지부장관은 장기요양기관 재무·회계기준을 정할 때에는 장기요양기관의 특성 및 그 시행시기 등을 고려하여야 한다.

69 ①

특별자치시장·특별자치도지사·시장·군수·구청장은 지정을 취소하거나 업무정지명령을 한 경우에는 지체 없이 그 내용을 공단에 통보하고, 보건복지부령으로 정하는 바에 따라 보건복지부장관에게 통보한다. 이 경우 시장·군수·구청장은 관할 특별시장·광역시장 또는 도지사를 거쳐 보건복지부장관에게 통보하여야 한다〈제37조 제2항〉.

70 ②

특별자치시장·특별자치도지사·시장·군수·구청장은 장기요양기관의 종사자가 거짓이나 그 밖의 부정한 방법으로 재가급여비용 또는 시설급여비용을 청구하는 행위에 가담한 경우 해당 종사자가 장기요양급여를 제공하는 것을 1년의 범위에서 제한하는 처분을 할 수 있다〈제37조의5 제1항〉.

71 ④

재가 및 시설 급여비용은 다음과 같이 수급자가 부담한다. 다만, 수급자 중 「의료급여법」에 따른 수급자는 그러하지 아니하다〈제40조 제1항〉.

1. **재가급여** : 해당 장기요양급여비용의 100분의 15
2. **시설급여** : 해당 장기요양급여비용의 100분의 20

72 ③

위원장이 아닌 위원은 다음의 자 중에서 보건복지부장관이 임명 또는 위촉한 자로 하고, 각 호에 해당하는 자를 각각 동수로 구성하여야 한다〈제46조 제2항〉.

1. 근로자단체, 사용자단체, 시민단체(「비영리민간단체 지원법」에 따른 비영리민간단체), 노인단체, 농어업인단체 또는 자영자단체를 대표하는 자
2. 장기요양기관 또는 의료계를 대표하는 자
3. 대통령령으로 정하는 관계 중앙행정기관의 고위공무원단 소속 공무원, 장기요양에 관한 학계 또는 연구계를 대표하는 자, 공단 이사장이 추천하는 자

73 ③

공단의 관장 업무〈제48조 제2항〉.

1. 장기요양보험가입자 및 그 피부양자와 의료급여수급권자의 자격관리
2. 장기요양보험료의 부과·징수
3. 신청인에 대한 조사
4. 등급판정위원회의 운영 및 장기요양등급 판정
5. 장기요양인정서의 작성 및 개인별장기요양이용계획서의 제공
6. 장기요양급여의 관리 및 평가
7. 수급자 및 그 가족에 대한 정보제공·안내·상담 등 장기요양급여 관련 이용지원에 관한 사항
8. 재가 및 시설 급여비용의 심사 및 지급과 특별현금급여의 지급
9. 장기요양급여 제공내용 확인
10. 장기요양사업에 관한 조사·연구 및 홍보
11. 노인성질환예방사업
12. 이 법에 따른 부당이득금의 부과·징수 등
13. 장기요양급여의 제공기준을 개발하고 장기요양급여비용의 적정성을 검토하기 위한 장기요양기관의 설치 및 운영
14. 그 밖에 장기요양사업과 관련하여 보건복지부장관이 위탁한 업무

74 ③

재심사청구〈제56조〉

① 심사청구에 대한 결정에 불복하는 사람은 그 결정 통지를 받은 날부터 90일 이내에 장기요양재심사위원회(이하 "재심사위원회"라 한다)에 재심사를 청구할 수 있다.

② 재심사위원회는 보건복지부장관 소속으로 두고, 위원장 1인을 포함한 20인 이내의 위원으로 구성한다.

③ 재심사위원회의 위원은 관계 공무원, 법학, 그 밖에 장기요양사업 분야의 학식과 경험이 풍부한 자 중에서 보건복지부장관이 임명 또는 위촉한다. 이 경우 공무원이 아닌 위원이 전체 위원의 과반수가 되도록 하여야 한다.

④ 재심사위원회의 구성·운영 및 위원의 임기, 그 밖에 필요한 사항은 대통령령으로 정한다.

75 ④

보건복지부장관, 특별시장·광역시장·도지사 또는 특별자치시장·특별자치도지사·시장·군수·구청장은 다음의 어느 하나에 해당하는 자에게 보수·소득이나 그 밖에 보건복지부령으로 정하는 사항의 보고 또는 자료의 제출을 명하거나 소속 공무원으로 하여금 관계인에게 질문을 하게 하거나 관계 서류를 검사하게 할 수 있다〈제61조 제1항〉.

1. 장기요양보험가입자
2. 피부양자
3. 의료급여수급권자

76 ②

수급권의 보호〈제66조〉

① 장기요양급여를 받을 권리는 양도 또는 압류하거나 담보로 제공할 수 없다.

② 특별현금급여수급계좌의 예금에 관한 채권은 압류할 수 없다.

77 ③

다음의 어느 하나에 해당하는 자는 1년 이하의 징역 또는 1천만 원 이하의 벌금에 처한다〈제67조 제3항〉.

1. 정당한 사유 없이 장기요양급여의 제공을 거부한 자

2. 거짓이나 그 밖의 부정한 방법으로 장기요양급여를 받거나 다른 사람으로 하여금 장기요양급여를 받게 한 자

3. 정당한 사유 없이 권익보호조치를 하지 아니한 사람

4. 수급자가 부담한 비용을 정산하지 아니한 자

78 ①

공단은 등급판정위원회가 장기요양인정 및 등급판정의 심의를 완료한 경우 지체 없이 다음의 사항이 포함된 장기요양인정서를 작성하여 수급자에게 송부하여야 한다〈제17조 제1항〉.

1. 장기요양등급
2. 장기요양급여의 종류 및 내용
3. 그 밖에 장기요양급여에 관한 사항으로서 보건복지부령으로 정하는 사항

79 ②

행정제재처분의 절차가 진행 중일 때에는 다음의 어느 하나에 해당하는 자에 대하여 그 절차를 계속 이어서 할 수 있다〈제37조의4 제2항〉.

1. 장기요양기관을 양도한 경우 양수인
2. 법인이 합병된 경우 합병으로 신설되거나 합병 후 존속하는 법인
3. 장기요양기관 폐업 후 3년 이내에 같은 장소에서 장기요양기관을 운영하는 자 중 종전에 위반행위를 한 자(법인인 경우 그 대표자를 포함한다)나 그 배우자 또는 직계혈족

80 ④

장기요양기관의 장은 폐업·휴업 신고를 할 때 또는 장기요양기관의 지정 갱신을 하지 아니하여 유효기간이 만료될 때 보건복지부령으로 정하는 바에 따라 장기요양급여 제공 자료를 공단으로 이관하여야 한다. 다만, 휴업 신고를 하는 장기요양기관의 장이 휴업 예정일 전까지 공단의 허가를 받은 경우에는 장기요양급여 제공 자료를 직접 보관할 수 있다〈제36조 제6항〉.

제5회 정답 및 해설

✎ **직업기초능력평가**

1 ①

유병률과 발병률은 다른 의미이며, 이 차이를 구분하는 것이 문제 해결의 관건이 될 수 있다. 유병률은 전체 인구 중 특정한 장애나 질병 또는 심리신체적 상태를 지니고 있는 사람들의 분율로서, 어느 시점 또는 어느 기간에 해당 장애나 질병, 심리신체적 상태를 지니고 있는 사람의 수를 전체 인구수로 나누어 계산한다. 유병률은 이전부터 해당 장애가 있었든 아니면 해당 장애가 새로 생겼든 간에 현재 그 장애를 앓고 있는 모든 사람을 뜻하는 반면, 발병률 또는 발생률(incidence rate 또는 incidence)은 일정 기간 동안에 모집단 내에서 특정 질병을 새롭게 지니게 된 사람의 분율을 뜻한다. 유병은 집단 내의 개체 간 차이를 반영하는 현상이라는 점에서 발생과 구별된다. 발생은 한 개체 내에서 일어난 특정 상태의 변화를 말한다.

2 ②

② 말하지 않아도 마음이 통하는 관계는 '최고의 관계'이지만, 비즈니스 현장에서 필요한 것은 정확한 확인과 그에 따른 업무처리이다.

3 ②

② 의사소통 시에는 일반적으로 문서적인 방법보다 언어적인 방법이 훨씬 많이 사용된다.

※ **문서적인 의사소통과 언어적인 의사소통의 특징**

　　㉠ **문서적인 의사소통** : 언어적인 의사소통에 비해 권위감이 있고, 정확성을 기하기 쉬우며, 전달성이 높고, 보존성도 크다. 문서적 의사소통은 언어적인 의사소통의 한계를 극복하기 위해 문자를 수단으로 하는 방법이지만 이 또한 그리 쉬운 것은 아니다. 문서적인 방법은 때로는 필수불가결한 것이기는 하지만 때로는 혼란과 곡해를 일으키는 경우도 얼마든지 있기 때문이다.

　　㉡ **언어적인 의사소통** : 여타의 의사소통보다는 정확을 기하기 힘든 경우가 있는 결점이 있기는 하지만 대화를 통해 상대방의 반응이나 감정을 살필 수 있고, 그때그때 상대방에게 설득시킬 수 있으므로 유동성이 있다. 또한 모든 계층에서 관리자들이 많은 시간을 바치는 의사소통 중에서도 듣고 말하는 시간이 상대적으로 비교할 수 없을 만큼 많다는 점에서 경청능력과 의사표현력은 매우 중요하다.

4 ④

'구별하지 못하고 뒤섞어서 생각하다.'의 '혼동'은 올바르게 사용된 단어이며, '혼돈'으로 잘못 쓰지 않도록 주의한다.

① 최저임금 인상이 자영업자의 추가적인 인건비 인상을 발생시키는 원인이 된다는 내용이므로 '표출'이 아닌 '초래'하는 것이라고 표현해야 한다.

② 앞의 내용으로 보아 급하고 과도한 최저임금인상에 대한 수식어가 될 것이므로 '급격한'이 올바른 표현이다.

③ 최저임금인상 대신 그만큼에 해당하는 근로 장려 세제를 '확대'하는 것의 의미를 갖는 문장이다.

5 ④

④ '액체나 가루 따위를 다른 곳에 담는 것'은 '붓다'이며, '물에 젖어서 부피가 커지는 것'은 '붇다'이다. 따라서 '콩이 붇기(ㄷ불규칙)', '물을 붓고'가 올바른 표현이다.

① '가늠'은 '사물을 어림잡아 헤아린다'는 의미이며, '갈음'은 '다른 것으로 바꾸어 대신한다'는 의미이다.

② '데다'는 '몹시 놀라거나 심한 괴로움을 겪어 진저리가 난다'는 의미이며, '대다'는 '정해진 시간에 닿거나 맞춘다'는 의미이다.

③ '몸이나 눈썹을 위쪽으로 올리다'는 뜻으로 '추켜세우다'와 '치켜세우다' 모두 사용할 수 있다.

6 ②

㉮ 두 명 이상의 이름을 나열할 경우에는 맨 마지막 이름 뒤에 호칭을 붙인다는 원칙에 따라 '최한국, 조대한, 강민국 사장을 등 재계 주요 인사들은 모두 ~로 수정해야 한다. (X)

㉯ 외국인의 이름은 현지발음을 외래어 표기법에 맞게 한글로 적고 성과 이름 사이를 띄어 쓴다는 원칙에 따라 '버락 오바마 미국 대통령의 임기는 ~'으로 수정해야 한다. (X)

㉰ 중국 지명이므로 현지음을 한글로 외래어 표기법에 맞게 쓰고 괄호 안에 한자를 써야한다는 원칙에 따라, '절강성(浙江省) 온주(溫州)'로 수정해야 한다. (X)

㉱ 국제기구나 외국 단체의 경우 처음에는 한글 명칭과 괄호 안에 영문 약어 표기를 쓴 다음 두 번째부터는 영문 약어만 표기한다는 원칙에 따른 올바른 표기이다. (O)

7 ②

'객반위주'라는 말은 '손님이 오히려 주인 행세를 한다.'는 의미의 사자성어로, 비어 있는 곳에 군사시설이 먼저 들어가 있는 상황에서 점차 상가가 조성되어 원래의 군사시설 지역이 지역 주민에게 피해를 주는 시설로 인식되고 있는 상황을 사자성어에 견주어 표현하였다.

① 새옹지마 : 인생의 길흉화복은 늘 바뀌어 변화가 많음을 이르는 말이다.

③ 등화가친 : 등불을 가까이할 만하다는 뜻으로, 서늘한 가을밤은 등불을 가까이 하여 글 읽기에 좋음을 이르는 말이다.

④ 지록위마 : 사슴을 가리켜 말이라 한다는 뜻으로, 윗사람을 농락하여 권세를 휘두르는 경우를 말한다.

8 ④

전기차의 시장침투가 제약을 받게 되는 원인이 빈칸에 들어갈 가장 적절한 말이 될 것이며, 이것은 전후의 맥락으로 보아 기존의 내연기관차와의 비교를 통하여 파악되어야 할 것이다. 따라서 '단순히 전기차가 주관적으로 불편하다는 이유가 아닌 기존 내연기관차에 비해 더 불편한 점이 있을 경우'에 해당하는 말이 위치해야 한다.

9 ③

③ '역학조사'는 '감염병 등의 질병이 발생했을 때, 통계적 검정을 통해 질병의 발생 원인과 특성 등을 찾아내는 것'을 일컫는 말로, 한자로는 '疫學調査'로 쓴다.

① '다중'은 '多衆'으로 쓰며, '삼중 구조'의 '중'은 '重'으로 쓴다.

② '출연'과 '연극'의 '연'은 모두 '演'으로 쓴다.

④ '일 따위가 더디게 진행되거나 늦어짐'의 뜻을 가진 '지연'은 '遲延'으로 쓴다.

10 ④

④ 반대되는 논거를 제시하여 절충된 가치를 통해 글의 주제에 접근하는 방식의 서술은 다분히 철학적이고 인문학적인 주제의 글보다는 사회 현상에 대한 분석이나 과학적 사고를 요하는 글에 보다 적합한 서술 방식이라고 할 수 있다.

① 첫 번째 문단을 보면 '죽음은 인간의 총체를 형성하는 결정적인 요소이다', '죽음이란 한 존재의 사멸, 부정의 의미이므로 여러 가지 인격을 갖고 살아가고 있는 현대인의 어떤 정체성을 부정하거나 사멸시키는 하나의 행위', '죽음이란 이 세상을 살아가면서 배워서 아는 것' 등 핵심 단어인 죽음에 대해 정의를 찾아가며 논점을 전개하고 있다.

② 삶과 죽음의 의미, 심리학자들의 주장 등에서 누구나 알 수 있는 상식을 제시하면서 삶과 죽음에 대한 새로운 이해를 하려는 시도가 나타나 있다.

③ 인간의 삶은 과학 기술적 접근뿐 아니라 인문학적인 차원에서의 접근도 이루어져야 한다는 점, 삶의 목적은 철학적, 윤리적, 가치론적 입장에서 생각해 볼 수 있다는 점 등의 의견을 제시함으로써 특정 현상을 다양한 각도에서 조명해 보려는 의도가 보인다.

11 ②

네 번째 문단에 따르면 신재생 에너지 시스템은 화석 에너지와 달리 발전량을 쉽게 제어할 수 없고, 지역의 환경에 따라 발전량이 서로 다르다는 특징이 있다. 따라서 ②에서 언급한 발전량 자동 조절보다는 잉여 에너지 저장 기술을 갖추어야 한다고 볼 수 있다.

① 중앙 집중식으로 이루어진 에너지 공급 상황에서 거주자는 에너지 생산을 고려할 필요가 없었으나, 분산형 전원 형태의 신재생 에너지 공급 상황에서는 거주자 스스로 생산과 소비를 통제하여 에너지 절감을 할 수 있어야 할 것이다.

③ 기존의 제한된 서비스를 넘어서는 다양한 에너지 서비스가 탄생될 수 있도록 하는 플랫폼 기술은 스마트 그리드를 기반으로 한 마이크로 그리드 시스템 구축에 필요한 요소라고 판단할 수 있다.

④ 과거의 경험으로 축적된 에너지 사용에 대한 데이터를 분석하여 필요한 상황에 적절한 맞춤형 에너지를 서비스하는 기능은 효과적인 관리 솔루션이 될 수 있다.

12 ④

④ 전기 공급자가 많아지면 전기시장은 지금보다 더욱 경쟁적인 시장이 될 것이라고 판단할 수는 있으나, 그 경우 전기시장이 휘발유시장보다 더 경쟁적인 시장이 될 것이라고 판단할 근거가 제시되어 있지는 않다.

① 시장에 참여하는 가계와 기업의 수가 많다면 이 시장은 경쟁적인 시장이 될 수 있으나, 그 수가 적은 경우 시장은 경쟁적일 수 없다.

② 시장으로의 진입장벽이 낮을수록 시장은 경쟁적이며, 진입장벽이 높을수록 기존 기업은 소비자들에 대해 어느 정도의 영향력을 갖게 된다.

③ 기존 기업들이 담합하여 단체행동을 하는 경우에는 그렇지 않은 경우에 비해 시장 지배력이 커져 이 시장은 경쟁시장의 특성에서 멀어진다. 즉, 휘발유시장은 완전경쟁시장이라고 할 수는 없다.

13 ④

④ 물체의 운동에너지를 $E = \frac{1}{2}mv^2$이라고 하였으므로, 속력이 8배가 되면 운동에너지는 속력의 제곱인 64배가 된다.

① 건축물뿐 아니라, 자연의 땅, 나무, 하늘의 구름 등에 의해서도 공간이 인식된다는 것이 필자의 견해이다.

② 차도는 자동차들이 움직이는 곳이며, 주차장은 자동차들이 정지해 있는 곳이므로, 주차장이 더 넓을수록 공간의 전체 속도가 줄어들어 공간 에너지도 줄어들게 된다.

③ 여름에는 사람들이 앉아 있는 레스토랑이며 겨울에는 스케이트를 타는 곳이 되므로 겨울의 공간 에너지가 더 많다.

14 ③

③ 비교우위에 의한 자유무역의 이득은 한 나라 내의 모든 경제주체가 혜택을 본다는 것을 뜻하지 않는다. 자유무역의 결과 어느 나라가 특정 재화를 수입하게 되면, 소비자는 보다 싼 가격으로 이 재화를 사용할 수 있게 되므로 이득을 보지만 이 재화의 국내 생산자는 손실을 입게 된다.

① 동일한 종류의 재화라 하더라도 나라마다 독특한 특색이 있게 마련이다. 따라서 자유무역은 각국 소비자들에게 다양한 소비 기회를 제공한다.

② 어느 나라가 비교우위가 있는 재화를 수출하게 되면 이 재화의 생산량은 세계시장을 상대로 크게 늘어난다. 이 경우 규모의 경제를 통해 생산비를 절감할 수 있게 된다.

④ 독과점의 폐해를 방지하려면 진입장벽을 없애 경쟁을 촉진하여야 한다. 따라서 자유무역은 경쟁을 활성화하여 경제 전체의 후생 수준을 높일 수 있다.

15 ②

윗글은 한국인들의 여가를 즐길 줄 모르는 문화를 지적하며, 여가문화를 올바르게 누릴 수 있는 방안을 제시하고 있다. 따라서 서구 사회에서 이미 학문화되어 있는 여가학에 보다 많은 관심을 가져 진정한 의미의 여가를 즐길 수 있어야 한다는 것이 글에서 이야기하는 궁극적인 목적이라고 할 수 있다.

16 ②

글의 첫 문장에서 4차 산업혁명이 문화예술에 미치는 영향은 어떤 것들이 있는지를 소개하였으며, 이어지는 내용은 모두 그러한 영향들에 대한 부연설명이라고 볼 수 있다. 후반부에서 언급된 문화여가와 디지털기기의 일상화 등에 대한 내용 역시 4차 산업혁명이 사회에 깊숙이 관여해 있는 모습을 보여준다는 점에서 문화예술에 미치는 4차 산업혁명의 영향을 뒷받침하는 것이라고 볼 수 있다.

17 ②

② (나)에서는 정상적인 공권력으로서 투자자의 역할을 하던 권세가와 상인들로부터 물품을 갈취하는 폭압적 권위자의 모습이 모두 그려지고 있으므로 그들의 이중적인 모습을 엿볼 수 있는 단락이 된다.

① 고려시대 시장의 상황을 묘사한 단락은 (가), (나), (다)이다.

③ 권세가들의 폭압과 정도의 차이는 있으나, 상인들에게 있어서는 불교사찰 역시 그들과 크게 다르지 않았음을 설명하는 단락이다.

④ 징벌 대상이 된 상인들이 사료에 수록되었을 것이라는 추측을 하고 있을 뿐, 부패한 고려 상인이 많았다는 언급은 찾아볼 수 없다.

18 ②

② 불교 사찰의 순수하지 않은 면을 언급하였으나, 그것은 권세가들의 폭압과는 다른 모습이었음을 설명하고 있으므로 고위층에 못지않을 만큼 비리와 부패를 저질렀다고 판단하는 것은 과도하다고 할 수 있다.

① 은병과 포필은 고위층과 하위민들을 위한 별도의 통화라고 설명되어 있다.

③ 정상적 공권력을 투자자의 모습으로 설명하고 있다.

④ 외부 시장과의 거래가 꾸준했던 것으로 설명하고 있다.

19 ④

단락 (라)의 말미에서는 당뇨병성 신경병증의 가장 큰 문제로 피부 감각이 둔해져 상처를 입어도 잘 모르는 점을 지적하고 있으며, 그에 따라 당뇨병 환자는 진단 받은 시점부터 정기적으로 감각신경·운동신경 검사를 받아야 한다고 밝히고 있다. 따라서 '대다수가 앓고 있는 제2형 당뇨병의 경우는 발병 시점이 명확하지 않기 때문에 당뇨병을 얼마나 앓았는지 모르는 경우가 많아 정기 진찰을 받아야 한다.'는 주장이 자연스럽게 연결되기에 적절한 위치는 단락 (라)의 마지막 부분이라고 볼 수 있다.

20 ③

③ 해당 병증을 앓고 있는 환자들의 수면 장애와 관련한 통계를 분석하여 그 원인에 대한 일반화된 정보를 추출하였고, 그에 의해 초기 진단 시점부터 감각신경, 운동신경 검사를 받아야 한다는 결론까지 도출하게 되었다.

21 ④

④ 통계는 집단의 현상에 관한 것으로서, 어떤 사람의 재산이나 한라산의 높이 등, 특정 개체에 관한 수적 기술은 아무리 구체적이더라도 통계라고 하지 않는다.

22 ④

막대그래프는 가장 많이 쓰이는 그래프이며, 영업소별 매출액, 성적별 인원분포 등의 자료를 한눈에 알아볼 수 있게 하기 위한 그래프이다. 주어진 연도별 매출액 추이 변화와 같은 '추이'를 알아보기 위해서는 꺾은선 그래프가 가장 적절하다.

23 ②

(가) 모든 그래프에 나타나는 수치에 대한 단위를 표시하는 것은 가장 기본적인 사항이다. (○)

(나) 축 서식의 범위가 800,000인데 반해 그래프의 최댓값은 500,000을 조금 넘고 있다. 따라서 최댓값을 600,000 정도로 좁게 설정하여 자칫 그래프가 왜곡될 수 있는 여지를 차단할 필요가 있다. (○)

㈐ 추이선은 각 항목이 제시하는 개별 수치에 더하여 증감의 변화에 따른 추세를 함께 알 수 있도록 하는 것으로, 주어진 연령별 자료에서는 연령별로 변동된 수치의 변화가 중요한 것은 아니므로 반드시 삽입할 필요가 있다고 보기 어렵다. (X)

㈑ 천 단위 구분 쉼표가 없어 정확한 숫자를 파악하는 데 어려움이 있다. 그래프를 작성하는 목적은 보다 빨리 한눈에 자료를 알아볼 수 있도록 하는 것이다. (O)

24 ④

세 사람이 모두 목표물을 맞히지 못할 확률은

$$\left(1 - \frac{3}{5}\right) \times \left(1 - \frac{2}{7}\right) \times \left(1 - \frac{1}{3}\right) = \frac{2}{5} \times \frac{5}{7} \times \frac{2}{3} = \frac{4}{21}$$

따라서 세 사람이 동시에 하나의 목표물을 향해 1발씩 사격을 실시하였을 때 목표물이 맞을 확률은

$$1 - \frac{4}{21} = \frac{17}{21} \text{이다.}$$

25 ④

B생산량 × 5명 + D생산량 × 6 + E생산량 × 2 = 500 × 5 + 700 × 6 + 800 × 2 = 8,300set

26 ④

분기별 판매량과 판매액의 합을 구하면 다음과 같다.

실적 제품	분기별 판매량 (단위 : 만 개)				분기별 판매액 (단위 : 억 원)			
	1분기	2분기	3분기	합계	1분기	2분기	3분기	합계
A	70	100	140	310	65	120	160	345
B	55	50	80	185	70	60	130	260
C	85	80	110	275	75	120	130	325
D	40	70	70	180	65	60	100	225
합계	250	300	400	950	275	360	520	1,155

④ 3분기 A제품의 판매량은 3분기 전체의 판매량 중 $\frac{140}{400} \times 100 = 35\%$를 차지하며, 3분기 A제품의 판매액은 3분기 전체의 판매액 중 $\frac{160}{520} \times 100 = $ 약 31%를 차지한다. 따라서 3분기 A제품의 판매액은 3분기 전체 판매액의 1/3을 넘지 못했다.

① 1분기부터 3분기까지 판매액 합계 상위 2개 제품은 345억 원의 A와 325억 원의 C이다.

② 제품 A는 1분기 대비 2분기에 판매량과 판매액 모두가 증가하였다.

③ 판매 단가는 전체 분기별 판매액을 분기별 판매량으로 나누어 구할 수 있다. 분기별 평균 판매 단가는 1분기 11,000원, 2분기 12,000원, 3분기 13,000원이다.

27 ②

질량 배합 비율에 따라 제품 A를 300kg 생산하는 데 사용된 개별 금속의 양과 생산 후 남은 금속의 양은 다음 표와 같다.

구분	구리	철	주석	아연	망간
사용된 양	180	15	0	75	30
남은 양	530	0	33	80	0

남은 양으로 만들 수 있는 제품 B는 530kg(구리 424 + 주석 26.5 + 아연 79.5)이다. 따라서 甲금속회사가 생산한 제품은 A 300kg, B 530kg으로 이를 모두 판매하여 얻을 수 있는 최대 금액은 (300 × 300) + (530 × 200) = 196,000원이다.

28 ①

5명의 학생 중 회장 1명과 부회장 2명을 뽑는 경우의 수는 회장 한 명을 먼저 뽑고 $_5C_1 = 5$, 나머지 4명 중 2명의 부회장을 뽑는 $_4C_2 = \frac{4 \times 3}{2 \times 1} = 6$ 경우로, 총 5 × 6 = 30가지이다.

이때 A가 부회장에 뽑히는 경우는 A를 먼저 부회장으로 뽑고 남은 4명 중 회장 한 명과 부회장 한 명을 뽑는 것으로, $_4C_1 \times _3C_1 = 12$가지이다.

따라서 A가 부회장에 뽑힐 확률은 $\frac{12}{30} = \frac{2}{5}$이다.

29 ③

'1인당 관광지출=관광지출 ÷ 국민해외관광객'이므로 2012년은 수치를 공식에 대입하여 계산한다. 따라서 2012년의 1인당 관광 지출은 16,495 ÷ 13.7 =1,204달러(←1,204.01)가 된다.

30 ①

'관광수지＝관광수입－관광지출'이므로 연도별 관광수지를 구해 보면 다음과 같다.

- 2012년 : 13,357－16,495＝－3,138백만 달러
- 2013년 : 14,525－17,341＝－2,816백만 달러
- 2014년 : 17,712－19,470＝－1,758백만 달러
- 2015년 : 15,092－21,528＝－6,436백만 달러
- 2016년 : 17,200－23,689＝－6,489백만 달러
- 2017년 : 13,324－27,073＝－13,749백만 달러

관광수지가 가장 좋은 해는 관광수지 적자가 가장 적은 2014년으로 －1,758백만 달러이며, 가장 나쁜 해는 관광수지 적자가 가장 큰 2017년으로 －13,749백만 달러이다. 따라서 두 해의 관광수지 차액은 －1,758－(－13,749)＝11,991백만 달러가 된다.

31 ③

미국과 중국의 상호 관세가 부과되면 양국의 상대국에 대한 수출은 감소될 것이므로 중국의 대미관세 부과에 따른 '미국 대중 수출'과 미국의 대중관세 부과에 따른 '중국 대미 수출'은 감소하는 하락 그래프를 나타내야 한다. 또한 한국의 대미 수출은 무역전환 효과가 작용하한 영향으로 인해 미국이 중국 대신 한국으로부터 수입하는 물품이 증가하여 미국의 대중관세 부과에 따른 '한국 대미 수출'은 상승 그래프를 나타내게 된다. 그러나 중국에서는 중간재 수요 감소에 따라 한국으로부터 수입하는 물품의 양 역시 감소하여 중국의 대미관세 부과에 따른 '한국 대중 수출'은 하락 그래프를 나타내게 된다. 따라서 ③과 같은 그래프 모양이 분석 내용에 부합하는 것이 된다.

32 ④

ⓐ $\frac{663,154}{12,382}$ ＝ 약 53.55명으로 50명 이상이다. (O)

ⓑ 부산, 대구, 인천 3곳이다. (×)

ⓒ 기술지원대 1대당 대원수가 100명 이상인 곳은 부산(108명)뿐이다. (O)

ⓓ $\frac{3,212}{5}$ ＝642.4로 600대를 넘는다. (×)

33 ③

① 5개 지역 모두에서 1월에 낙뢰가 발생하지 않았다.

② 1년 동안 낙뢰가 가장 많이 발생한 지역은 인천이다.

③ $\frac{1,656}{12}$ ＝138이므로 서울에서 매월 평균 138회의 낙뢰가 발생했다.

④ $\frac{365}{5}$ ＝73회이다.

34 ①

ⓐ 2015년 甲국 유선 통신 가입자 ＝ x
  甲국 유선, 무선 통신 가입자 수의 합 ＝ x ＋ 4,100 － 700 ＝ x ＋ 3,400
  甲국의 전체 인구 ＝ x ＋ 3,400 ＋ 200 ＝ x ＋ 3,600
  甲국 2015년 인구 100명당 유선 통신 가입자 수는 40명이며 이는 甲국 전체 인구가 甲국 유선 통신 가입자 수의 2.5배라는 의미이며 따라서 x ＋ 3,600 ＝ 2.5x 이다.
  ∴ x ＝ 2,400만 명 (×)

ⓑ 乙국의 2015년 무선 통신 가입자 수는 3,000만 명이고 2018년 무선 통신 가입자 비율이 3,000만 명 대비 1.5배이므로 4,500만 명이다. (×)

ⓒ 2018년 丁국 미가입자 ＝ y
  2015년 丁국의 전체 인구 : 1,100 ＋ 1,300 － 500 ＋ 100 ＝ 2,000만 명
  2018년 丁국의 전체 인구 : 1,100 ＋ 2,500 － 800 ＋ y ＝ 3,000만 명(2015년의 1.5배)
  ∴ y ＝ 200만 명 (O)

ⓓ 乙국 ＝ 1,900 － 300 ＝ 1,600만 명   丁국 ＝ 1,100 － 500 ＝ 600만 명
  ∴ 3배가 안 된다. (O)

35 ①

다음 표에서 채울 수 있는 부분을 완성하면 다음과 같다.

항목／샘플	총질소	암모니아성 질소	질산성 질소	유기성 질소	TKN
A	46.24	14.25	2.88	29.11	43.36
B	37.38	6.46	(5.91)	25.01	(31.47)
C	40.63	15.29	5.01	20.33	35.62
D	54.38	(12.48)	(4.99)	36.91	49.39
E	41.42	13.92	4.04	23.46	37.38
F	(40.33)	( )	5.82	( )	34.51
G	30.73	5.27	3.29	22.17	27.44
H	25.29	12.84	(4.57)	7.88	20.72
I	(41.58)	5.27	1.12	35.19	40.46
J	38.82	7.01	5.76	26.05	33.06
평균	39.68	( )	4.34	( )	35.34

이를 근거로 〈보기〉의 내용을 살펴보면 다음과 같다.

㉠ 샘플 A의 총질소 농도는 샘플 I의 총질소 농도보다 높다. (○)

㉡ 샘플 B의 TKN 농도는 30mg/L 이상이다. (○)

㉢ 샘플 B의 질산성 질소 농도는 샘플 D의 질산성 질소 농도보다 낮다. (×)

㉣ 샘플 F는 암모니아성 질소 농도가 유기성 질소 농도보다 높다. (×)

→ 주어진 자료로 샘플 F의 암모니아성 질소 농도와 유기성 질소 농도를 비교할 수 없다.

따라서 올바른 설명은 ㉠, ㉡이다.

36 ④

④ 2013년 11월 일본어선과 중국어선의 한국 EEZ 내 어획량 합은 $2,176 + 9,445 = 11,621$로 같은 기간 중국 EEZ와 일본 EEZ 내 한국어선 어획량의 합인 $64 + 500 = 564$의 20배 이상이다.

① 2013년 12월 중국 EEZ 내 한국어선 조업일수는 1,122로 전월대비 증가하였다.

② 2012년 11월 한국어선의 일본 EEZ 입어척수가 자료에 나타나지 않아 알 수 없다.

③ 2013년 12월 일본 EEZ 내 한국어선의 조업일수는 3,236로, 같은 기간 중국 EEZ 내 한국어선 조업일수 1,122의 3배에 못 미친다.

37 ③

S군의 2006년 투표율은 $\dfrac{14,634}{25,000} \times 100 ≒ 59\%$이고,

2010년 투표율은 $\dfrac{18,595}{25,000} \times 100 ≒ 74\%$이다. 따라서 2010년 투표율은 2006년에 비해 15% 증가하였다.

38 ④

① 2006년의 경우 부재자 투표에서 다른 어떤 후보자보다도 더 많이 득표한 '병'보다 '무'가 득표수의 합이 가장 컸다.

② 2006년의 '정'과 2010년의 '무'는 자신의 출신지보다 다른 지역에서 더 많은 표를 얻었다.

③ 2006년 최고 득표자는 '무'로 총 4,597표 득표하였고, 최저 득표자는 '갑'으로 총 761표 득표하였다. '무'는 '갑'보다 약 6배(≒6.04) 득표하였다.

39 ④

미응답한 구가 7개이므로 이들이 모두 도입으로 응답할 경우 신기술 A를 도입한 구는 50개가 된다.

따라서 도입률을 구하면 $\dfrac{50}{69} \times 100 ≒ 72.5\%$이다.

40 ①

광역지방자치단체의 도입률 : $\dfrac{14}{17} \times 100 ≒ 82.4\%$

기초지방자치단체의 도입률 : $\dfrac{150}{227} \times 100 ≒ 66.1\%$

따라서 $88.4 - 66.1 = 16.3\%$ 이상 높다.

41 ①

(가), (다), (마) – 발생형 문제

(나) – 탐색형 문제

(라) – 설정형 문제

※ 문제의 유형

ㄱ 발생형 문제(보이는 문제) : 우리 눈앞에 발생되어 당장 걱정하고 해결하기 위해 고민하는 문제를 의미한다.

ㄴ 탐색형 문제(찾는 문제) : 더 잘해야 하는 문제로 현재의 상황을 개선하거나 효율을 높이기 위한 문제를 의미한다.

ㄷ 설정형 문제(미래 문제) : 미래상황에 대응하는 장래의 경영전략의 문제로 앞으로 어떻게 할 것인가 하는 문제를 의미한다.

42 ①

문제에 봉착했을 경우, 차분하고 계획적인 접근이 필요하다. 자칫 우리가 흔히 알고 있는 단순한 정보들에 의존하게 되면 문제를 해결하지 못하거나 오류를 범할 수 있다.

※ 문제 해결을 위해 필요한 4가지 기본적 사고는 다음과 같다.

ㄱ 전략적 사고를 해야 한다.

ㄴ 분석적 사고를 해야 한다. → 보기 ②

ㄷ 발상의 전환을 하라. → 보기 ③

ㄹ 내·외부 자원을 효과적으로 활용하라. → 보기 ④

43 ③

네트워크와 유통망이 다양한 것은 자사의 강점이며 이를 통하여 심화되고 있는 일본 업체와의 경쟁을 우회하여 돌파할 수 있는 전략은 주어진 환경에서 적절한 ST전략이라고 볼 수 있다.

① 세제 혜택(O)을 통하여 환차손 리스크 회피 모색(T)

② 타 해외 조직의 운영 경험(S)을 살려 업무 효율성 벤치마킹(W)

④ 해외 진출 경험으로 축적된 우수 인력(S) 투입으로 업무 누수 방지(W)

44 ①

제시된 항목들은 다음과 같은 특징을 갖는다.

• 브레인스토밍(창의적 사고) : 브레인스토밍은 집단의 효과를 살려서 아이디어의 연쇄반응을 일으켜 자유분방한 아이디어를 내고자 하는 것으로, 창의적인 사고를 위한 발산 방법 중 가장 흔히 사용되는 방법이다.

• 결단성(비판적 사고) : 모든 필요한 정보가 획득될 때까지 불필요한 논증, 속단을 피하고 모든 결정을 유보하지만, 증거가 타당할 땐 결론을 맺는다.

• 비교 발상법(창의적 사고) : 비교 발상법은 주제와 본질적으로 닮은 것을 힌트로 하여 새로운 아이디어를 얻는 방법이다.

• 지적 호기심(비판적 사고) : 여러 가지 다양한 질문이나 문제에 대한 해답을 탐색하고 사건의 원인과 설명을 구하기 위하여 질문을 제기한다.

• 생각하는 습관(논리적 사고) : 논리적 사고에 있어서 가장 기본이 되는 것은 왜 그런지에 대해서 늘 생각하는 습관을 들이는 것이다.

• 타인에 대한 이해(논리적 사고) : 반론을 하든 찬성을 하든 논의를 함으로써 이해가 깊어지거나 논점이 명확해질 수 있다.

• 다른 관점에 대한 존중(비판적 사고) : 타인의 관점을 경청하고 들은 것에 대하여 정확하게 반응한다.

45 ②

현재 발생하지 않았지만 장차 발생할지 모르는 문제를 예상하고 대비하는 일, 보다 나은 미래를 위해 새로운 문제를 스스로 설정하여 도전하는 일은 조직과 개인 모두에게 중요한 일이다. 이러한 형태의 문제를 설정형 문제라고 한다. 설정형 문제를 해결하기 위해서는 주변의 발생 가능한 문제들의 움직임을 관심을 가지고 지켜보는 자세가 필요하며, 또한 문제들이 발생했을 때 그것이 어떤 영향을 가져올지에 대한 논리적 추론이 가능해야 한다. 이러한 사고의 프로세스는 논리적 연결고리를 생성시킬 수 있는 추론의 능력이 요구된다고 볼 수 있다.

46 ③

주어진 조건에 따라 선택지의 날짜에 해당하는 당직 근무표를 정리해 보면 다음과 같다.

구분	갑	을	병	정
A	2일, 14일		8일	
B		3일		9일
C	10일		4일	
D		11일		5일
E	6일		12일	
F		7일		13일

따라서 A와 갑이 2일 날 당직 근무를 섰다면 E와 병은 12일 날 당직 근무를 서게 된다.

47 ③

문제의 내용과 조건의 내용에서 알 수 있는 것은 다음과 같다.

- 5층과 1층에서는 적어도 1명이 내렸다.
- 4층에서는 2명이 내렸다. →2층 또는 3층 중 아무도 내리지 않은 층이 한 개 있다.

그런데 네 번째 조건에 따라 을은 1층에서 내리지 않았고, 두 번째 조건에 따라 을이 내리기 직전 층에서는 아무도 내리지 않아야 하므로, 을은 2층에서 내렸고 3층에서는 아무도 내리지 않은 것이 된다(∵ 2층 또는 3층 중 아무도 내리지 않은 층이 한 개 있으므로)

또한 무는 정의 바로 다음 층에서 내렸다는 세 번째 조건에 따르면, 정이 5층에서 내리고 무가 4층에서 내린 것이 된다.

네 번째 조건에서 갑은 1층에서 내리지 않았다고 하였으므로, 2명이 함께 내린 층인 4층에서 무와 함께 내린 것이고, 결국 1층에서 내릴 수 있는 사람은 병이 된다.

48 ①

세 사람은 모두 각기 다른 동에 사무실이 있으며, 어제 갔던 식당도 서로 겹치지 않는다.

- 세 번째 조건 후단에서 갑동이와 을순이는 어제 11동 식당에 가지 않았다고 하였으므로, 어제 11동 식당에 간 것은 병호이다. 따라서 병호는 12동에 근무하며 11동 식당에 갔다.
- 네 번째 조건에 따라 을순이는 11동에 근무하므로, 남은 갑동이는 10동에 근무한다.

- 두 번째 조건 전단에 따라 을순이가 10동 식당에, 갑동이가 12동 식당을 간 것이 된다.

따라서 을순이는 11동에 사무실이 있으며, 어제 갔던 식당은 10동에 위치해 있다.

49 ④

갑과 을의 전기요금을 다음과 같이 계산할 수 있다.

〈갑〉

기본요금 : 1,800원

전력량 요금 : $(200 \times 90) + (100 \times 180) = 18,000 + 18,000 = 36,000$원

200kWh를 초과하였으므로 필수사용량 보장공제 해당 없음

전기요금 : $1,800 + 36,000 = 37,800$원

〈을〉

기본요금 : 1,260원

전력량 요금 : $(200 \times 72) + (100 \times 153) = 14,400 + 15,300 = 29,700$원

200kWh를 초과하였으므로 필수사용량 보장공제 해당 없음

전기요금 : $1,260 + 29,700 = 30,960$원

따라서 갑과 을의 전기요금 합산 금액은 $37,800 + 30,960 = 68,760$원이 된다.

50 ②

② 동계와 하계에 1,000kWh가 넘는 전력을 사용하면 슈퍼유저에 해당되어 적용되는 1,000kWh 초과 전력량 요금 단가가 2배 이상으로 증가하게 되나, 기본요금에는 해당되지 않는다.

① 기본요금과 전력량 요금 모두 고압 요금이 저압 요금보다 저렴한 기준이 적용된다.

③ 기본요금 900원과 전력량 요금 270원을 합하여 1,170원이 되며, 필수사용량 보장공제 적용 후에도 최저요금인 1,000원이 발생하게 된다.

④ 200kWh 단위로 요금 체계가 바뀌게 되므로 200kWh씩 나누어 관리하는 것이 전기요금을 절감할 수 있는 방법이다.

51 ④

경호, 수호 중 적어도 한 명을 뽑으면 영호와 민지를 뽑아야 하는데, 민지를 뽑으면 경지도 뽑아야 한다. 즉 경호와 수호를 둘 다 뽑으면 5명이 되어 안 된다. 따라서 경호나 수호 둘 중에 한 명만 뽑아야 하고 이 경우 영호, 민지, 경지가 들어간다.

민호를 뽑으면 경지, 수지를 뽑지 말아야 하는데 경지를 뽑지 않으면 민지도 뽑지 말아야 한다.(다섯 번째 조건의 대우) 즉 민호를 뽑으면 여자 사원 경지, 수지, 민지 모두 뽑을 수 없으므로 남자 사원 경호, 수호, 민호, 영호로 팀을 정해야 하는데 이는 조건을 충족하지 못 한다. 따라서 민호를 뽑을 수 없으며, 5가지 조건을 모두 충족하는 팀은 (경호, 영호, 민지, 경지), (수호, 영호, 민지, 경지)이므로 ㉠, ㉡, ㉢ 모두 맞다.

52 ①

신생벤처기업 지원투자 사업이 10월에 열리는 경우와 기존 중소기업 지원 사업이 10월에 열리는 경우를 나누어 살펴보고 두 가지 경우 모두 참이 되어야 반드시 참이 된다고 할 수 있다.

- 신생벤처기업 지원투자 사업이 10월에 진행되면 벤처기업 대표자 간담회가 10월에 열려야 한다. 벤처기업 대표자 간담회가 10월에 열릴 경우 창업지원센터가 간담회 장소로 대관된다. 간담회 장소로 대관된다면 벤처기업 입주지원 사업은 11월로 연기된다.

㉠ 벤처기업 입주지원 사업은 10월에 진행되지 않는다. (○)

㉡ 벤처기업 대표자 간담회는 10월에 진행되지 않는다. (×)

㉢ 신생벤처기업 지원투자 사업은 10월에 진행되지 않는다. (×)

- 기존 중소기업 지원 사업이 10월에 진행되면 벤처기업 대표자 간담회는 11월로 연기된다. 벤처기업 대표자 간담회가 10월에 열리지 않으면 신생벤처기업 지원투자 사업과 벤처기업 입주지원 사업이 10월에 진행되지 않는다.(신생벤처기업 지원투자 사업이나 벤처기업 입주지원 사업이 10월에 진행된다면 벤처기업 대표자 간담회도 10월에 열려야 한다의 대우)

㉠ 벤처기업 입주지원 사업은 10월에 진행되지 않는다. (○)

따라서 반드시 참인 것은 ㉠뿐이다.

53 ③

① 오렌지, 귤 : 네 번째 조건에 따라 귤을 사려면 사과와 오렌지도 반드시 사야 한다.

② 배, 딸기 : 두 번째 조건에 따라 배와 딸기 중에서는 한 가지밖에 살 수 없으며, 세 번째 조건에 따라 딸기와 오렌지를 사려면 둘 다 사야 한다.

④ 사과, 딸기, 귤 : 세 번째 조건에 따라 딸기와 오렌지를 사려면 둘 다 사야 하며, 네 번째 조건에 따라 귤을 사려면 사과와 오렌지도 반드시 사야 한다.

54 ③

대회 종류 후 나눈 대화가 성립하려면 다음의 두 가지 조건이 만족되어야 한다.

- B와 E를 제외한 A, C, D는 적어도 한 게임은 이기고, 한 게임은 져야 한다.
- B는 한 게임 이상 이겨야 하고, E는 한 게임 이상 져야 한다.

각 선수가 얻은 점수의 총합이 큰 순으로 매긴 순위가 A > B이므로 A는 6점(3승 1패), B는 5점(1승 3무)를 받는다. B가 C, D, E와 모두 비긴 조건에서 D가 적어도 한 게임은 이겨야 하므로 D는 최소 3점 이상을 획득하는데 점수의 총합이 C > D이므로 C는 4점(1승 2무 1패), D는 3점(1승 1무 2패)을 받는다. 이를 정리하면 다음과 같다.

	A	B	C	D	E
A	–	B승(2점)	C패(0점)	D패(0점)	E패(0점)
B	A패(0점)	–	무(1점)	무(1점)	무(1점)
C	A승(2점)	무(1점)	–	D패(0점)	무(1점)
D	A승(2점)	무(1점)	C승(2점)	–	E패(0점)
E	A승(2점)	무(1점)	무(1점)	D승(2점)	–
총점	6점	5점	4점	3점	2점

색이 칠해진 칸과 칠해지지 않은 칸은 중복이므로 총 10번의 게임 중 4번의 게임이 비긴 볼링 게임이다.

55 ①

甲과 丙의 진술로 볼 때, C = 삼각형이라면 D = 오각형이고, C = 원이라면 D = 사각형이다. C = 삼각형이라면 戊의 진술에서 A = 육각형이고, 丁의 진술에서 E ≠ 사각형이므로 乙의 진술에서 B = 오각형이 되어 D = 오각형과 모순된다. 따라서 C = 원이다. C = 원이라면 D = 사각형이므로, 丁의 진술에서 A = 육각형, 乙의 진술에서 B = 오각형이 되고 E = 삼각형이다. 즉, A = 육각형, B = 오각형, C = 원, D = 사각형, E = 삼각형이다.

56 ④

총 30회의 가위바위보 게임에서 모두 이길 경우 얻을 수 있는 점수는 150점이다.

- 甲, 乙 : 29회를 이길 경우 145점을 얻는데, 30번째에서 비길 경우 146점을, 질 경우 144점을 얻을 수 있다. → 甲, 乙 거짓
- 丙, 丁, 戊 : 28회를 이길 경우 140점을 얻는데, 29~30번째 모두 비길 경우 142점, 1번 비기고 1번 질 경우 140점, 2번 모두 질 경우 138점을 얻을 수 있다. → 丙, 戊 거짓, 丁 참

57 ②

- 36개의 로봇을 6개씩 6팀으로 나눠 각 팀의 1위를 가린다. → 6경기
- 각 팀의 1위 로봇끼리 재경기를 해 1위를 가린다. → 1경기(가장 빠른 로봇이 가려짐)
- 가장 빠른 로봇이 나온 팀의 2위 로봇과 나머지 팀의 1위 로봇을 재경기해 1위를 가린다. → 1경기(두 번째로 빠른 로봇이 가려짐)

따라서 36개의 로봇 중 가장 빠른 로봇 1, 2위를 선발하기 위해서는 최소 8경기를 해야 한다.

58 ②

- 甲이 착한 호랑이일 경우, 곶감의 위치를 안다고 말한 乙, 丁, 戊는 모두 나쁜 호랑이가 되고 丙만 착한 호랑이가 되는데, 丙이 착한 호랑이일 경우 甲이 거짓말을 하는 것이 되므로 모순된다.
- 乙이 착한 호랑이일 경우, 곶감의 위치를 안다고 말한 甲, 丁, 戊는 모두 나쁜 호랑이가 된다. 丙이 착한 호랑이이며, 곶감은 소쿠리에 있다.
- 丙이 착한 호랑이일 경우, 甲은 반드시 나쁜 호랑이가 되고 곶감은 아궁이가 아닌 꿀단지나 소쿠리에 있게 된다. 곶감이 꿀단지에 있다고 하면 丙과 戊가 착한 호랑이가 되고, 곶감이 소쿠리에 있다면 丙과 乙 또는 丁이 착한 호랑이가 된다.
- 丁이 착한 호랑이일 경우, 곶감의 위치를 안다고 말한 甲, 乙, 戊는 모두 나쁜 호랑이가 된다. 丙이 착한 호랑이이며, 곶감은 소쿠리에 있다.
- 戊가 착한 호랑이일 경우, 곶감의 위치를 안다고 말한 甲, 乙, 丁은 모두 나쁜 호랑이가 된다. 丙이 착한 호랑이이며, 곶감은 꿀단지에 있다.

따라서 보기 중 가능한 조합은 ②이다.

59 ④

BBB등급 기준보증료율인 1.4%에서 지방기술사업과 벤처기업 중 감면율이 큰 지방기술사업을 적용하면 ㈜서원의 보증료율은 1.1%이다. 보증료의 계산은 보증금액 × 보증료율 × 보증기간/365이므로 ㈜서원의 보증료는 5억 원 × 1.1% × 365/365 = 550만 원이다.

60 ①

갑, 을, 병 3개 회사가 보증금액(신규)과 보증기간이 동일하므로 보증료율이 높은 순서대로 정렬하면 된다.

- 갑 보증료율 : 1.4%(BBB등급) - 0.3%p(감면율이 큰 국가유공자기업 적용) + 0.3%p(고액보증기업 나 + 장기이용기업 가) = 1.4%
- 을 보증료율 : 1.5%(B등급) - 0.2%(벤처ㆍ이노비즈기업 중복적용 안 됨) + 0.0%p(장기이용기업 다에 해당하지만 경영개선지원기업으로 가산요율 적용 안 함) = 1.3%
- 병 보증료율 : 1.5%(B등급) - 0.3%p(감면율이 큰 장애인기업 적용) + 0.0%p(가산사유 해당 없음) = 1.2%

따라서 보증료율이 높은 순서인 갑 - 을 - 병 순으로 보증료가 높다.

61 ③

노인등〈제2조 제1호〉… 65세 이상의 노인 또는 65세 미만의 자로서 치매·뇌혈관성질환 등 대통령령으로 정하는 노인성 질병을 가진 자를 말한다.

62 ③

장애인 등에 대한 장기요양보험료의 감면〈제10조〉… 공단은 「장애인복지법」에 따른 장애인 또는 이와 유사한 자로서 대통령령으로 정하는 자가 장기요양보험가입자 또는 그 피부양자인 경우 수급자로 결정되지 못한 때 대통령령으로 정하는 바에 따라 장기요양보험료의 전부 또는 일부를 감면할 수 있다.

63 ④

조사를 하는 자는 조사일시, 장소 및 조사를 담당하는 자의 인적사항 등을 미리 신청인에게 통보하여야 한다〈제14조 제3항〉.

64 ③

등급판정위원회는 제출된 조사 결과를 토대로 다시 수급자 등급을 조정하고 수급자 여부를 판정할 수 있다〈제15조 제5항〉.

65 ④

장기요양등급 등의 변경〈제21조 제1항〉… 장기요양급여를 받고 있는 수급자는 장기요양등급, 장기요양급여의 종류 또는 내용을 변경하여 장기요양급여를 받고자 하는 경우 공단에 변경신청을 하여야 한다.

66 ④

① 가족요양비, 특례요양비, 요양병원간병비
② 장기요양기관에 장기간 입소한 수급자에게 신체활동 지원 및 심신기능의 유지·향상을 위한 교육·훈련 등을 제공하는 장기요양급여
③ 방문요양, 방문목욕, 방문간호, 주·야간보호, 단기보호 등

67 ④

장기요양기관의 장은 장기요양요원이 다음의 어느 하나에 해당하는 경우로 인한 고충의 해소를 요청하는 경우 업무의 전환 등 대통령령으로 정하는 바에 따라 적절한 조치를 하여야 한다〈제35조의4 제1항〉.
1. 수급자 및 그 가족이 장기요양요원에게 폭언·폭행·상해 또는 성희롱·성폭력 행위를 하는 경우
2. 수급자 및 그 가족이 장기요양요원에게 급여외행위의 제공을 요구하는 경우

68 ③

특별자치시장·특별자치도지사·시장·군수·구청장은 거짓이나 그 밖의 부정한 방법으로 재가 및 시설급여비용을 청구한 경우에 해당하는 행위를 이유로 업무정지명령을 하여야 하는 경우로서 그 업무정지가 해당 장기요양기관을 이용하는 수급자에게 심한 불편을 줄 우려가 있는 등 보건복지부장관이 정하는 특별한 사유가 있다고 인정되는 경우에는 업무정지명령을 갈음하여 거짓이나 그 밖의 부정한 방법으로 청구한 금액의 5배 이하의 금액을 과징금으로 부과할 수 있다〈제37조의2 제2항〉.

69 ④

장기요양기관 정보의 안내 등〈제34조〉
① 장기요양기관은 수급자가 장기요양급여를 쉽게 선택하도록 하고 장기요양기관이 제공하는 급여의 질을 보장하기 위하여 장기요양기관별 급여의 내용, 시설·인력 등 현황자료 등을 공단이 운영하는 인터넷 홈페이지에 게시하여야 한다.
② 게시 내용, 방법, 절차, 그 밖에 필요한 사항은 보건복지부령으로 정한다.

70 ②

구상권〈제44조〉
① 공단은 제3자의 행위로 인한 장기요양급여의 제공 사유가 발생하여 수급자에게 장기요양급여를 행한 때 그 급여에 사용된 비용의 한도 안에서 그 제3자에 대한 손해배상의 권리를 얻는다.
② 공단은 장기요양급여를 받은 자가 제3자로부터 이미 손해배상을 받은 때 그 손해배상액의 한도 안에서 장기요양급여를 행하지 아니한다.

71 ④

장기요양급여의 관리 · 평가〈제54조〉

① 공단은 장기요양기관이 제공하는 장기요양급여 내용을 지속적으로 관리 · 평가하여 장기요양급여의 수준이 향상되도록 노력하여야 한다.

② 공단은 장기요양기관이 장기요양급여의 제공 기준 · 절차 · 방법 등에 따라 적정하게 장기요양급여를 제공하였는지 평가를 실시하고 그 결과를 공단의 홈페이지 등에 공표하는 등 필요한 조치를 할 수 있다.

③ 장기요양급여 제공내용의 평가 방법 및 평가 결과의 공표 방법, 그 밖에 필요한 사항은 보건복지부령으로 정한다.

72 ③

국가와 지방자치단체는 대통령령으로 정하는 바에 따라 의료급여수급권자의 장기요양급여비용, 의사소견서 발급비용, 방문간호지시서 발급비용 중 공단이 부담하여야 할 비용(면제 및 감경됨으로 인하여 공단이 부담하게 되는 비용을 포함) 및 관리운영비의 전액을 부담한다〈제58조 제2항〉.

73 ④

보고 및 검사

① 보건복지부장관, 특별시장 · 광역시장 · 도지사 또는 특별자치시장 · 특별자치도지사 · 시장 · 군수 · 구청장은 다음의 어느 하나에 해당하는 자에게 보수 · 소득이나 그 밖에 보건복지부령으로 정하는 사항의 보고 또는 자료의 제출을 명하거나 소속 공무원으로 하여금 관계인에게 질문을 하게 하거나 관계 서류를 검사하게 할 수 있다〈제61조 제1항〉.

1. 장기요양보험가입자

2. 피부양자

3. 의료급여수급권자

② 보건복지부장관, 특별시장 · 광역시장 · 도지사 또는 특별자치시장 · 특별자치도지사 · 시장 · 군수 · 구청장은 다음의 어느 하나에 해당하는 자에게 장기요양급여의 제공 명세, 재무 · 회계에 관한 사항 등 장기요양급여에 관련된 자료의 제출을 명하거나 소속 공무원으로 하여금 관계인에게 질문을 하게 하거나 관계 서류를 검사하게 할 수 있다〈제61조 제2항〉.

1. 장기요양기관

2. 장기요양급여를 받은 자

③ ①②의 경우 소속 공무원은 그 권한을 표시하는 증표 및 조사기간, 조사범위, 조사담당자, 관계 법령 등 보건복지부령으로 정하는 사항이 기재된 서류를 지니고 이를 관계인에게 내보여야 한다〈제61조 제4항〉.

④ ①②에 따른 질문 또는 검사의 절차 · 방법 등에 관하여는 이 법에서 정하는 사항을 제외하고는 「행정조사기본법」에서 정하는 바에 따른다〈제61조 제5항〉.

74 ③

벌칙〈제67조〉

② 다음의 어느 하나에 해당하는 자는 2년 이하의 징역 또는 2천만 원 이하의 벌금에 처한다.

1. 지정받지 아니하고 장기요양기관을 운영하거나 거짓이나 그 밖의 부정한 방법으로 지정받은 자

2. 본인부담금을 면제 또는 감경하는 행위를 한 자

3. 수급자를 소개, 알선 또는 유인하는 행위를 하거나 이를 조장한 자

4. 업무수행 중 알게 된 비밀을 누설한 자

③ 다음의 어느 하나에 해당하는 자는 1년 이하의 징역 또는 1천만 원 이하의 벌금에 처한다.

1. 정당한 사유 없이 장기요양급여의 제공을 거부한 자

2. 거짓이나 그 밖의 부정한 방법으로 장기요양급여를 받거나 다른 사람으로 하여금 장기요양급여를 받게 한 자

3. 정당한 사유 없이 권익보호조치를 하지 아니한 사람

4. 수급자가 부담한 비용을 정산하지 아니한 자

75 ③

실태조사〈제6조의2 제1항〉 ··· 보건복지부장관은 장기요양사업의 실태를 파악하기 위하여 3년마다 다음의 사항에 관한 조사를 정기적으로 실시하고 그 결과를 공표하여야 한다.

1. 장기요양인정에 관한 사항
2. 장기요양등급판정위원회(이하 "등급판정위원회"라 한다)의 판정에 따라 장기요양급여를 받을 사람(이하 "수급자"라 한다)의 규모, 그 급여의 수준 및 만족도에 관한 사항
3. 장기요양기관에 관한 사항
4. 장기요양요원의 근로조건, 처우 및 규모에 관한 사항
5. 그 밖에 장기요양사업에 관한 사항으로서 보건복지부령으로 정하는 사항

76 ②

공단 또는 장기요양인정 신청의 조사를 의뢰받은 특별자치시·특별자치도·시·군·구는 조사를 완료한 때 조사결과서를 작성하여야 한다. 조사를 의뢰받은 특별자치시·특별자치도·시·군·구는 지체 없이 공단에 조사결과서를 송부하여야 한다〈제14조 제4항〉.

77 ③

공단은 장기요양급여를 받고 있거나 받을 수 있는 자가 다음의 어느 하나에 해당하는 것으로 의심되는 경우에는 조사하여 그 결과를 등급판정위원회에 제출하여야 한다〈제15조 제4항〉.

1. 거짓이나 그 밖의 부정한 방법으로 장기요양인정을 받은 경우
2. 고의로 사고를 발생하도록 하거나 본인의 위법행위에 기인하여 장기요양인정을 받은 경우

78 ③

장기요양기관의 지정절차와 그 밖에 필요한 사항은 보건복지부령으로 정한다〈제31조 제6항〉.

79 ④

장기요양기관의 장은 장기요양기관을 폐업하거나 휴업하려는 경우 또는 장기요양기관의 지정 갱신을 하지 아니하려는 경우 보건복지부령으로 정하는 바에 따라 수급자의 권익을 보호하기 위하여 다음의 조치를 취하여야 한다〈제36조 제3항〉.

1. 해당 장기요양기관을 이용하는 수급자가 다른 장기요양기관을 선택하여 이용할 수 있도록 계획을 수립하고 이행하는 조치
2. 해당 장기요양기관에서 수급자가 부담한 비용 중 정산하여야 할 비용이 있는 경우 이를 정산하는 조치
3. 그 밖에 수급자의 권익 보호를 위하여 필요하다고 인정되는 조치로서 보건복지부령으로 정하는 조치

80 ③

장기요양기관의 지정을 취소하거나 6개월의 범위에서 업무정지를 명할 수 있는 행위를 이유로 한 행정제재처분의 효과는 그 처분을 한 날부터 3년간 다음의 어느 하나에 해당하는 자에게 승계된다〈제37조의4 제1항〉.

1. 장기요양기관을 양도한 경우 양수인
2. 법인이 합병된 경우 합병으로 신설되거나 합병 후 존속하는 법인
3. 장기요양기관 폐업 후 같은 장소에서 장기요양기관을 운영하는 자 중 종전에 행정제재처분을 받은 자(법인인 경우 그 대표자를 포함한다)나 그 배우자 또는 직계혈족